BESTACTIVITYBOOKS.COM

PRIMERA EDICIÓN - 2022

Ilustración Gráfica Extra: www.freepik.com
Gracias a Alekksall, Starline, Pch.vector, Rawpixel.com, Vectorpocket, Dgim-studio, Upklyak, Macrovector, Stockgiu, Pikisuperstar & Freepik.com Designers

Descubra Juegos Gratis Online

Disponibles Aquí:

BestActivityBooks.com/FREEGAMES

5 CONSEJOS PARA EMPEZAR

1) CÓMO RESOLVER LAS SOPA DE LETRAS

Los rompecabezas tienen un formato clásico:

- Las palabras se ocultan sin espacios ni guiones,...
- Orientación: Las palabras pueden escribirse hacia delante, hacia atrás, hacia arriba, hacia abajo o en diagonal (pueden estar invertidas).
- Las palabras pueden superponerse o cruzarse.

2) APRENDIZAJE ACTIVO

Junto a cada palabra hay un espacio para anotar la traducción. Para fomentar un aprendizaje activo, un **DICCIONARIO** al final de esta edición te permitirá comprobar y ampliar tus conocimientos. Busca y anota las traducciones, encuéntralas en el puzzle y añádelas a tu vocabulario!

3) MARCAR LAS PALABRAS

Puedes inventar tu propio sistema de marcado. ¿Quizás ya usas uno? También puedes, por ejemplo, marcar las palabras difíciles de encontrar con una cruz, las que te gustan con una estrella, las nuevas con un triángulo, las raras con un diamante, etc.

4) ESTRUCTURAR EL APRENDIZAJE

Esta edición ofrece un **CUADERNO DE NOTAS** muy práctico al final del libro. En vacaciones, de viaje o en casa, podrás organizar fácilmente tus nuevos conocimientos sin necesidad de un segundo cuaderno!

5) ¿HABÉIS TERMINADO TODAS LAS PARRILLAS?

En las últimas páginas de este libro, en la sección **DESAFÍO FINAL**, encontrarás un juego gratis!

¡Rápido y sencillo! Echa un vistazo a nuestra colección de libros de actividades para tu próximo momento de diversión y aprendizaje, ¡a sólo un clic de distancia!

Encuentre su próximo reto en:

BestActivityBooks.com/MiProximoLibro

En sus marcas, listos, ¡Ya!

¿Sabías que hay unas 7.000 lenguas diferentes en el mundo? Las palabras son preciosas.

Nos encantan los idiomas y hemos trabajado duro para crear libros de la más alta calidad para tí. ¿Nuestros ingredientes?

Una selección de temas adecuados para el aprendizaje, tres buenas porciones de entretenimiento, y luego añadimos una cucharada de palabras difíciles y una pizca de palabras raras. Los servimos con cariño y máxima diversión para que puedas resolver los mejores juegos de palabras y te diviertas aprendiendo!

Tu opinión es esencial. Puedes participar activamente en el éxito de este libro dejándonos un comentario. Nos encantaría saber qué es lo que más le ha gustado de esta edición.

Aquí hay un enlace rápido a tu página de pedidos:

BestBooksActivity.com/Opiniones50

Gracias por tu ayuda y diviértete!

Todo el equipo

1 - Arqueología

E	V	A	L	U	A	T	I	O	N	F	V	D	L	F	F
Q	A	R	X	E	J	V	H	B	M	O	T	Z	R	J	Y
V	N	E	T	T	O	G	R	O	F	S	G	Y	X	J	C
N	T	J	B	R	R	M	T	S	C	S	T	M	O	Z	I
L	I	O	W	W	E	E	S	F	E	I	N	D	K	B	V
R	Q	T	B	Z	P	P	L	V	I	L	A	H	Z	O	I
E	U	U	I	E	H	B	X	I	V	G	D	G	F	N	L
S	I	S	Y	L	A	N	A	E	C	F	N	G	H	E	I
E	T	K	N	P	P	N	J	Z	M	A	E	T	E	S	Z
A	Y	T	D	M	R	W	C	V	O	Y	C	V	P	W	A
R	O	S	S	E	F	O	R	P	B	A	S	C	H	X	T
C	T	Y	L	T	X	N	T	K	J	L	E	T	L	F	I
H	D	M	T	O	G	K	C	C	E	C	D	Z	E	D	O
E	I	A	M	L	X	N	V	V	C	O	G	B	T	R	N
R	Y	E	A	R	S	U	D	C	T	F	I	K	R	Y	Y
W	O	C	P	X	S	D	E	F	S	R	B	N	K	M	R

ANALYSIS
ANTIQUITY
YEARS
CIVILIZATION
DESCENDANT
UNKNOWN
TEAM
ERA
EVALUATION
EXPERT
FOSSIL
BONES
RESEARCHER
MYSTERY
OBJECTS
FORGOTTEN
PROFESSOR
RELIC
TEMPLE
TOMB

2 - Granja #2

V	Z	H	T	V	L	N	W	T	T	L	A	F	D	L	H
E	A	K	J	R	A	L	U	D	R	E	H	P	E	H	S
G	G	Y	L	Y	E	Y	J	E	T	A	G	J	P	R	L
E	S	T	D	Z	X	L	D	Q	I	E	C	U	G	U	A
T	X	W	H	A	X	L	M	R	U	K	C	T	F	Q	M
A	S	O	K	T	J	A	B	A	R	L	E	Y	O	C	I
B	T	D	E	R	E	M	R	A	F	W	S	W	A	R	N
L	R	A	U	M	E	A	Y	L	N	Y	K	O	S	J	A
E	J	E	M	C	I	R	R	I	G	A	T	I	O	N	H
D	P	M	E	W	K	L	J	R	F	Q	B	J	Z	T	Z
B	E	E	H	I	V	E	S	L	U	I	X	B	D	U	Y
B	E	Z	R	W	O	R	C	H	A	R	D	C	A	N	P
Z	H	W	P	H	P	M	S	K	F	B	X	S	I	R	N
S	S	F	S	E	B	I	Y	F	O	O	D	E	G	O	N
L	A	M	B	A	A	L	G	B	A	S	R	Y	T	C	H
L	N	R	F	T	O	K	L	B	W	S	G	D	G	M	H

FARMER
ANIMALS
BARLEY
BEEHIVE
FOOD
LAMB
FRUIT
BARN
ORCHARD
MILK
LLAMA
CORN
SHEEP
SHEPHERD
DUCK
MEADOW
IRRIGATION
TRACTOR
WHEAT
VEGETABLE

3 - Mueble

H	U	K	N	G	D	E	C	Q	J	M	H	Z	S	I	D
U	K	U	Q	O	Z	Q	X	H	H	R	S	J	A	I	I
C	R	Q	H	O	T	G	O	E	C	D	I	X	R	B	T
O	U	A	S	W	U	U	E	S	U	E	T	B	M	D	O
M	G	K	B	X	W	Q	W	K	O	S	D	K	C	K	R
F	E	S	N	I	A	T	R	U	C	K	V	R	H	U	D
O	M	H	C	N	E	B	E	R	I	O	M	R	A	H	C
R	E	E	P	O	M	W	S	P	M	R	M	P	I	C	H
T	E	L	F	T	Z	E	S	A	B	P	A	M	R	U	A
E	G	V	F	U	L	Z	E	H	O	D	C	B	A	S	I
R	X	E	O	F	H	C	R	J	O	M	M	H	J	H	R
S	B	S	N	N	C	G	D	E	K	I	C	F	M	I	Y
B	M	A	T	T	R	E	S	S	C	R	L	I	U	O	R
V	E	L	P	I	L	L	O	W	A	R	L	A	N	N	A
B	T	D	Y	F	H	O	H	Y	S	O	E	V	M	S	W
L	O	A	S	F	F	M	G	L	E	R	G	N	N	P	P

RUG
PILLOW
ARMOIRE
BENCH
BED
CUSHIONS
MATTRESS
CURTAINS
DRESSER
COMFORTERS
DESK
MIRROR
BOOKCASE
SHELVES
FUTON
HAMMOCK
LAMP
CHAIR
ARMCHAIR
COUCH

4 - Aviones

S	P	A	T	M	O	S	P	H	E	R	E	K	H	C	D
E	N	G	I	N	E	D	U	T	I	T	L	A	E	H	I
T	U	R	B	U	L	E	N	C	E	R	F	P	I	H	R
S	Z	B	X	P	A	S	S	E	N	G	E	R	G	I	E
V	P	I	Q	B	P	P	H	E	O	N	P	Z	H	S	C
H	Y	D	R	O	G	E	N	P	I	I	R	F	T	T	T
S	E	D	S	F	Z	R	X	C	T	D	O	V	O	O	I
F	C	J	E	Z	F	A	G	A	C	N	P	L	L	R	O
G	U	J	I	S	X	Y	F	I	U	A	E	M	I	Y	N
B	M	E	D	W	I	D	F	R	R	L	L	C	P	X	T
A	D	J	L	V	H	G	J	D	T	B	L	L	S	Z	W
Y	P	C	B	O	R	S	N	S	S	R	E	F	E	K	S
A	D	V	E	N	T	U	R	E	N	X	R	N	R	O	Y
B	A	L	L	O	O	N	S	C	O	W	S	N	Y	D	P
Z	E	E	U	X	G	S	E	B	C	N	W	O	X	L	G
F	M	N	J	N	M	C	R	E	W	Z	L	Y	C	D	W

AIR
ALTITUDE
HEIGHT
LANDING
ATMOSPHERE
ADVENTURE
SKY
FUEL
CONSTRUCTION
DIRECTION

DESIGN
BALLOON
PROPELLERS
HYDROGEN
HISTORY
ENGINE
PASSENGER
PILOT
CREW
TURBULENCE

5 - Tipos de Cabello

B	W	Z	P	X	M	V	B	I	S	J	L	S	B	N	F
R	H	B	R	O	W	N	L	B	V	U	O	O	M	U	X
A	I	T	D	Z	J	I	O	X	I	J	F	X	H	I	X
I	T	F	O	S	U	H	N	Q	H	E	A	L	T	H	Y
D	E	E	J	L	D	T	D	E	D	I	A	R	B	N	X
S	K	D	X	R	I	B	M	T	N	S	Y	Q	R	V	W
Q	D	P	Z	U	M	P	O	H	A	S	I	L	V	E	R
L	S	S	C	C	C	H	N	I	Z	Q	Z	C	D	U	Y
O	D	H	A	U	T	Y	W	C	F	Y	H	L	R	Q	X
N	W	I	N	R	R	D	D	K	L	D	O	C	R	L	A
G	T	N	X	R	O	L	K	R	F	V	I	V	X	A	H
E	B	Y	P	E	H	A	Y	W	Y	U	Y	H	W	G	U
S	E	L	R	F	S	B	A	A	K	T	K	M	I	H	A
X	Y	K	A	L	N	L	R	V	N	J	V	X	P	G	Q
H	H	U	A	C	X	I	G	Y	L	K	M	X	F	C	Y
T	A	Y	T	M	K	N	F	A	I	M	C	V	L	R	T

WHITE
SHINY
BALD
SHORT
THIN
GRAY
THICK
LONG
BROWN
BLACK
WAVY
SILVER
CURLY
CURLS
BLOND
HEALTHY
DRY
SOFT
BRAIDED
BRAIDS

6 - Ética

W	Q	T	H	C	I	T	A	M	O	L	P	I	D	I	Y
T	I	A	Q	G	I	T	N	S	K	D	A	B	K	N	W
H	O	S	H	U	M	A	N	I	T	Y	T	R	V	D	C
S	V	L	D	V	L	G	A	M	Y	T	I	N	G	I	D
L	A	A	E	O	R	R	J	I	D	S	E	I	R	V	P
U	L	O	C	R	M	I	N	T	R	E	N	T	A	I	H
F	U	M	G	Z	A	S	N	P	Y	N	C	J	T	D	I
T	E	C	U	V	E	N	I	O	T	O	E	L	I	U	L
C	S	F	J	L	N	H	C	U	I	H	U	G	O	A	O
E	L	B	A	N	O	S	A	E	R	L	G	G	N	L	S
P	K	I	N	D	N	E	S	S	G	T	U	H	A	I	O
S	Y	Q	H	G	X	R	L	O	E	N	L	D	L	S	P
E	S	G	B	X	F	F	S	N	T	G	U	A	I	M	H
R	Z	D	L	R	M	I	Y	T	N	F	U	Z	T	X	Y
G	U	R	E	A	L	I	S	M	I	E	E	D	Y	Y	D
C	O	O	P	E	R	A	T	I	O	N	V	L	Z	W	R

ALTRUISM
KINDNESS
COOPERATION
DIGNITY
DIPLOMATIC
PHILOSOPHY
HONESTY
HUMANITY
INDIVIDUALISM
INTEGRITY
OPTIMISM
PATIENCE
RATIONALITY
REASONABLE
REALISM
RESPECTFUL
WISDOM
TOLERANCE
VALUES

7 - Ciencia Ficción

D	K	T	I	T	E	R	S	W	M	O	C	I	L	G	A
I	V	B	L	F	E	T	W	J	O	W	R	P	C	C	I
S	S	A	L	R	R	C	U	Q	F	R	G	A	R	F	F
T	J	A	U	H	I	S	H	I	Q	E	L	V	C	I	I
A	G	K	S	U	F	L	R	N	T	G	X	D	F	L	G
N	T	B	I	K	I	A	E	A	O	Y	S	D	N	E	E
T	D	S	O	P	L	A	N	E	T	L	U	F	S	X	F
F	O	J	N	G	A	L	A	X	Y	E	O	P	R	T	U
R	E	A	L	I	S	T	I	C	U	Z	I	G	A	R	T
C	I	N	E	M	A	I	P	O	T	U	R	E	Y	E	U
A	T	O	M	I	C	D	Q	B	F	V	E	M	C	M	R
E	X	P	L	O	S	I	O	N	J	T	T	I	Y	E	I
H	P	M	C	O	K	F	A	N	T	A	S	T	I	C	S
Q	M	A	S	T	O	B	O	R	F	G	Y	C	P	X	T
M	Z	T	Y	Q	O	D	V	L	O	L	M	G	O	Q	I
C	F	R	I	V	B	I	M	A	G	I	N	A	R	Y	C

ATOMIC
CINEMA
DISTANT
EXPLOSION
EXTREME
FANTASTIC
FIRE
FUTURISTIC
GALAXY
ILLUSION
IMAGINARY
BOOKS
MYSTERIOUS
WORLD
ORACLE
PLANET
REALISTIC
ROBOTS
TECHNOLOGY
UTOPIA

8 - Granja #1

T	W	W	F	M	C	T	Q	R	E	C	N	E	F	R	Q
C	U	N	G	H	R	D	R	Z	K	M	R	J	H	M	D
A	N	F	I	A	T	V	T	S	R	U	A	O	E	Z	E
I	C	A	G	X	Q	J	D	O	Y	O	K	D	W	B	F
Q	N	E	K	C	I	H	C	E	B	Q	I	W	O	O	W
E	X	R	G	G	B	Y	Z	E	M	B	W	I	C	L	Z
S	A	U	H	E	U	P	H	Q	Z	A	O	X	I	H	U
O	S	T	A	C	V	I	E	H	Y	E	K	N	O	D	L
G	D	L	E	I	F	Z	Z	O	W	A	T	E	R	E	K
O	E	U	H	I	B	L	G	N	I	U	H	S	C	Z	K
A	E	C	A	L	F	Z	H	E	B	O	B	R	A	I	N
T	S	I	R	B	P	N	L	Y	P	I	G	O	D	B	R
I	Y	R	Y	P	B	A	A	L	J	L	C	H	N	B	M
Y	K	G	F	E	R	T	I	L	I	Z	E	R	A	E	L
V	I	A	B	O	S	J	D	A	X	B	X	C	L	E	H
S	X	A	O	A	J	B	R	H	I	H	K	Q	Y	I	H

BEE
AGRICULTURE
WATER
RICE
DONKEY
HORSE
GOAT
FIELD
CROW
FERTILIZER
CAT
HAY
HONEY
DOG
CHICKEN
SEEDS
CALF
LAND
COW
FENCE

9 - Camping

C	J	J	P	E	U	Q	S	T	C	Z	P	L	K	V	Y
N	A	Z	G	R	U	Q	R	R	O	O	X	Y	C	A	S
K	S	B	T	U	F	O	D	E	M	A	K	F	W	A	N
I	G	N	I	T	N	U	H	E	P	A	M	H	F	R	D
J	V	E	F	N	O	O	M	S	A	Y	Y	C	B	K	U
F	I	J	E	E	A	V	Z	L	S	F	I	R	E	Y	M
J	N	B	N	V	V	L	S	V	S	P	Q	E	T	M	R
T	S	A	Q	D	Y	X	L	A	N	T	E	R	N	J	G
Z	E	O	N	A	C	W	S	E	M	V	R	U	E	C	Y
D	C	H	A	T	U	H	L	T	X	W	O	T	M	B	O
G	T	G	J	D	N	V	A	U	L	O	P	U	P	F	K
Z	O	M	B	J	U	N	M	M	L	F	E	Z	I	X	F
Q	F	O	R	E	S	T	I	O	M	A	U	A	U	H	X
N	A	T	U	R	E	G	N	F	F	O	K	B	Q	Q	K
Z	X	S	E	I	A	D	A	N	Q	R	C	E	E	W	N
M	O	U	N	T	A	I	N	X	C	O	M	K	E	W	Y

ANIMALS
ADVENTURE
TREES
FOREST
COMPASS
CABIN
CANOE
HUNTING
ROPE
EQUIPMENT
FIRE
HAMMOCK
INSECT
LAKE
LANTERN
MOON
MAP
MOUNTAIN
NATURE
HAT

10 - Fruta

W	N	V	J	R	N	L	S	W	B	Y	V	D	Q	A	R
P	D	T	Y	H	Q	E	P	A	R	G	H	C	P	P	A
Y	A	N	Y	V	D	M	Z	E	S	P	T	O	O	R	S
F	N	P	Q	M	V	O	C	V	E	I	Q	E	V	I	P
O	A	I	A	Q	B	N	A	T	U	N	O	C	O	C	B
Y	N	Z	W	Y	A	A	M	Z	B	E	Z	Y	J	O	E
C	A	C	Y	G	A	C	E	X	U	A	S	X	Z	T	R
J	B	A	P	P	L	E	L	E	P	P	I	R	U	W	R
I	Q	S	S	X	X	P	O	G	R	P	Y	S	R	B	Y
M	J	B	V	A	Y	P	N	D	L	L	U	B	S	Q	T
G	U	A	V	A	I	E	H	C	A	E	P	K	T	D	Z
I	Y	E	J	A	B	V	D	V	H	C	A	O	O	G	I
K	R	N	E	C	T	A	R	I	N	E	O	T	A	Q	Q
O	R	A	N	G	E	C	H	E	R	R	Y	V	B	D	B
N	E	K	E	F	K	I	W	I	J	K	C	T	A	M	R
H	B	F	L	P	W	O	P	M	A	N	G	O	Z	A	A

AVOCADO
APRICOT
BERRY
CHERRY
COCONUT
RASPBERRY
GUAVA
KIWI
LEMON
MANGO
APPLE
PEACH
MELON
ORANGE
NECTARINE
PAPAYA
PEAR
PINEAPPLE
BANANA
GRAPE

11 - Geología

L	C	A	V	E	R	N	Y	R	W	X	A	U	F	Q	A
Q	U	A	R	T	Z	A	W	C	D	J	W	G	N	D	W
F	R	H	V	L	C	A	L	C	I	U	M	R	G	R	N
O	D	I	C	A	M	I	N	E	R	A	L	S	A	N	Y
S	I	E	O	S	L	L	T	N	E	N	I	T	N	O	C
S	A	K	L	A	Y	E	R	O	U	U	G	V	A	I	C
I	B	Y	I	Q	U	S	I	T	E	W	H	Y	P	S	G
L	E	F	G	M	L	M	T	S	H	E	J	L	G	O	U
C	R	Y	S	T	A	L	S	A	Q	D	W	W	W	R	B
P	C	O	R	A	L	L	H	Y	L	G	E	Y	S	E	R
L	V	O	L	C	A	N	O	K	V	A	D	X	I	D	Q
A	Y	O	D	F	K	M	T	C	W	C	C	N	Z	Z	J
T	S	T	A	L	A	G	M	I	T	E	S	T	C	U	Q
E	K	A	U	Q	H	T	R	A	E	L	J	B	I	L	B
A	A	P	R	W	E	P	E	W	A	O	Q	W	P	T	U
U	V	H	K	S	L	M	A	P	D	Y	W	N	B	W	E

ACID
CALCIUM
LAYER
CAVERN
CONTINENT
CORAL
CRYSTALS
QUARTZ
EROSION
STALACTITE
STALAGMITES
FOSSIL
GEYSER
LAVA
PLATEAU
MINERALS
STONE
SALT
EARTHQUAKE
VOLCANO

12 - Álgebra

V	A	R	I	A	B	L	E	T	E	S	L	A	F	D	M
E	T	H	L	E	L	K	F	A	Z	O	R	Q	X	P	T
Z	E	R	O	Q	Q	I	M	N	K	L	E	O	B	C	L
G	N	B	P	E	U	W	O	G	A	U	M	Q	S	N	X
F	T	H	K	U	E	A	N	P	Y	T	Q	K	F	O	F
R	P	U	R	S	X	N	N	Y	F	I	L	P	M	I	S
E	Q	U	A	T	I	O	N	T	Z	O	O	X	J	S	X
B	I	P	E	N	F	I	D	F	I	N	Q	C	O	I	Z
M	N	R	N	E	O	T	E	I	A	T	Z	K	G	V	F
U	F	O	I	N	R	C	E	K	A	C	Y	M	P	I	R
N	I	B	L	O	M	A	W	O	P	G	T	P	S	D	A
O	N	L	F	P	U	R	F	R	X	H	R	O	Q	T	C
C	I	E	T	X	L	T	C	Y	P	F	F	A	R	M	T
I	T	M	Y	E	A	B	M	A	T	R	I	X	M	G	I
S	E	W	J	X	C	U	Q	W	J	O	R	F	D	P	O
Z	D	A	H	S	I	S	E	H	T	N	E	R	A	P	N

QUANTITY
ZERO
DIAGRAM
DIVISION
EQUATION
EXPONENT
FACTOR
FALSE
FORMULA
FRACTION
INFINITE
LINEAR
MATRIX
NUMBER
PARENTHESIS
PROBLEM
SUBTRACTION
SIMPLIFY
SOLUTION
VARIABLE

13 - Plantas

Z	S	M	A	I	J	W	S	W	S	V	T	Z	S	X	E
V	J	O	V	E	R	P	O	H	B	H	R	B	R	F	A
G	T	S	P	G	J	B	R	I	I	Z	O	Y	E	Y	F
B	G	S	S	A	R	G	G	J	B	U	O	L	H	O	H
O	R	E	Z	I	L	I	T	R	E	F	T	U	X	R	G
O	R	C	A	L	A	Q	S	R	A	S	B	S	L	J	E
T	F	I	L	O	T	W	E	F	N	X	D	U	D	Q	J
C	D	H	L	F	E	F	R	B	Z	Q	V	T	S	I	U
Y	R	X	E	R	P	V	O	E	Y	O	L	C	N	H	H
B	G	A	R	D	E	N	F	R	B	O	T	A	N	Y	X
N	A	R	O	L	F	P	R	R	O	Y	C	C	A	X	B
T	Q	M	B	G	A	W	Y	Y	Y	D	B	O	L	P	H
C	R	Q	B	P	E	V	E	G	E	T	A	T	I	O	N
D	R	E	W	O	L	F	S	F	E	R	G	T	I	V	Y
K	B	V	E	B	O	B	C	M	N	P	V	P	D	X	Q
A	B	D	C	F	J	I	R	B	H	I	F	N	N	B	N

BUSH
TREE
BAMBOO
BERRY
FOREST
BOTANY
CACTUS
FERTILIZER
FLOWER
FLORA

FOLIAGE
BEAN
IVY
GRASS
LEAF
GARDEN
MOSS
PETAL
ROOT
VEGETATION

14 - Suministros de Arte

T	A	B	L	E	V	C	C	H	A	I	R	C	E	E	B
A	C	R	Y	L	I	C	R	E	S	M	I	L	R	A	R
R	D	S	S	L	I	C	N	E	P	E	K	A	A	S	U
E	J	Q	T	Q	K	O	Q	U	A	Z	Y	Y	S	E	S
M	I	K	N	I	J	N	Z	L	M	T	L	U	E	L	H
A	R	J	I	D	F	A	X	G	L	M	I	G	R	B	E
C	V	S	A	L	P	Z	U	G	E	V	D	V	M	E	S
G	N	L	P	I	U	B	D	X	B	Y	L	L	I	L	I
B	P	E	G	Z	S	G	E	L	L	V	V	X	T	T	N
W	A	T	E	R	L	Y	K	I	Z	F	H	X	N	N	Y
Z	W	S	R	O	L	O	C	W	H	I	K	R	H	T	J
K	F	A	I	A	O	Y	O	X	V	O	D	F	N	S	W
P	A	P	E	R	S	R	O	L	O	C	R	E	T	A	W
B	I	F	A	B	Y	M	Y	M	O	A	J	K	A	D	C
Z	S	Z	L	X	Q	V	B	Y	C	H	H	I	R	S	Y
V	J	P	J	D	M	D	E	P	Q	K	J	B	E	J	O

OIL
ACRYLIC
WATERCOLORS
WATER
CLAY
ERASER
EASEL
CAMERA
BRUSHES
COLORS
CREATIVITY
IDEAS
PENCILS
TABLE
PAPER
PASTELS
GLUE
PAINTS
CHAIR
INK

15 - Negocio

F	I	N	A	N	C	E	C	O	S	T	J	W	I	A	C
J	P	E	V	F	F	M	F	L	U	E	N	R	G	V	A
Y	O	L	H	J	T	H	Q	T	F	V	T	Y	A	I	R
T	R	A	N	S	A	C	T	I	O	N	Q	D	R	C	E
I	S	S	K	J	D	I	C	U	R	R	E	N	C	Y	E
A	N	T	K	W	Y	F	I	S	H	V	B	D	Z	I	R
J	G	V	S	K	Y	R	D	Y	W	J	Y	T	X	X	Y
B	Z	C	E	H	R	R	F	E	H	Z	J	H	D	Z	Z
Y	X	X	X	S	O	K	G	N	V	W	G	O	J	N	O
V	W	S	A	T	T	N	U	O	C	S	I	D	B	H	I
M	J	W	T	S	C	M	E	M	P	L	O	Y	E	E	A
M	C	E	S	J	A	R	E	Y	O	L	P	M	E	M	Y
Q	A	Y	T	H	F	M	N	N	C	O	M	P	A	N	Y
D	R	T	M	Z	O	P	V	A	T	Y	D	U	G	Q	U
B	U	D	G	E	T	P	E	C	O	N	O	M	I	C	S
M	E	R	C	H	A	N	D	I	S	E	C	I	F	F	O

CAREER
COST
DISCOUNT
MONEY
ECONOMICS
EMPLOYEE
EMPLOYER
COMPANY
FACTORY
FINANCE
TAXES
INVESTMENT
MERCHANDISE
CURRENCY
OFFICE
BUDGET
SHOP
JOB
TRANSACTION
SALE

16 - Jardín

X	Q	T	P	E	I	F	W	L	L	T	U	N	T	Z	L
Y	W	I	H	A	M	M	O	C	K	E	E	R	T	N	D
O	G	T	S	D	Z	Y	L	A	W	N	H	X	R	X	K
G	A	R	A	G	E	B	I	E	I	I	O	R	T	Y	N
F	A	V	L	J	U	U	O	K	V	L	S	E	J	P	T
L	F	F	D	H	M	S	S	A	A	O	E	O	N	J	Y
O	L	A	L	L	S	H	T	R	S	P	H	C	N	E	B
W	O	C	H	Q	M	L	J	N	Q	M	K	S	O	W	G
E	W	R	R	X	D	J	Z	I	F	A	S	S	A	R	G
R	F	G	C	G	E	S	F	G	A	R	D	E	N	R	W
R	Y	D	L	H	C	R	O	P	E	T	E	N	P	G	H
B	V	V	L	F	A	B	Q	I	Q	S	E	J	O	O	L
H	T	L	Y	R	R	R	X	X	V	C	W	P	W	P	C
R	K	Y	V	H	R	H	D	W	L	S	K	J	C	X	Y
M	W	S	P	J	E	F	J	G	S	O	T	Q	J	R	J
R	Q	E	W	R	T	F	E	N	C	E	D	H	Y	N	R

BUSH
TREE
BENCH
LAWN
POND
FLOWER
GARAGE
HAMMOCK
GRASS
ORCHARD
GARDEN
WEEDS
HOSE
SHOVEL
PORCH
RAKE
SOIL
TERRACE
TRAMPOLINE
FENCE

17 - Países #2

C	E	E	A	U	K	L	N	V	S	F	O	J	A	W	N
M	Q	V	V	L	B	A	I	R	L	R	D	A	U	J	Q
I	E	D	E	N	M	A	R	K	P	A	M	M	S	N	D
M	F	X	C	J	T	R	S	F	I	N	E	A	T	Z	N
Q	V	E	I	X	D	U	M	L	N	C	Q	I	R	D	A
O	B	K	V	C	Q	L	E	A	D	E	G	C	I	R	P
F	F	J	E	D	O	K	M	O	O	G	R	A	A	X	P
A	I	P	O	I	H	T	E	S	N	K	E	D	M	O	R
I	L	F	B	D	M	Y	C	L	E	E	E	N	D	U	J
S	A	B	S	Y	R	I	A	P	S	Y	C	A	M	U	A
S	G	C	A	S	U	D	A	N	I	K	E	G	V	C	P
U	U	P	K	N	B	V	Q	P	A	K	B	U	E	T	A
R	T	A	S	A	I	L	A	R	T	S	U	A	S	K	N
A	R	E	P	G	C	A	I	R	E	L	A	N	D	F	M
W	O	C	D	R	B	K	I	P	A	K	I	S	T	A	N
U	P	F	C	B	Z	O	J	U	K	R	A	I	N	E	V

ALBANIA
AUSTRALIA
AUSTRIA
DENMARK
ETHIOPIA
FRANCE
GREECE
INDONESIA
IRELAND
JAMAICA
JAPAN
LAOS
MEXICO
PAKISTAN
PORTUGAL
RUSSIA
SYRIA
SUDAN
UKRAINE
UGANDA

18 - Números

N	H	Q	F	O	U	R	T	E	E	N	N	U	T	S	F
G	C	E	B	M	C	Y	O	X	Q	R	I	N	W	E	O
Y	D	V	N	D	C	Y	S	L	M	K	N	J	E	V	I
N	G	E	E	R	H	T	Z	E	R	O	E	C	L	E	N
S	N	V	C	X	E	U	A	H	T	U	N	N	V	N	M
T	M	I	W	I	D	W	N	F	W	L	O	Y	E	T	X
T	Z	F	T	S	M	H	X	E	O	N	G	F	N	E	K
E	Z	W	R	J	O	A	F	I	B	P	C	Y	I	E	E
N	P	O	P	I	J	E	L	G	Z	U	Y	D	N	N	F
T	H	I	R	T	E	E	N	H	Z	I	W	A	E	E	J
E	I	G	H	T	E	E	N	T	T	B	N	Z	T	E	M
S	P	W	P	L	S	P	B	U	V	E	M	A	E	T	V
V	T	Q	Y	T	N	E	W	T	V	T	F	P	E	F	P
R	F	I	Q	Q	R	O	V	H	U	Y	F	G	N	I	N
T	N	H	M	M	K	F	J	E	V	M	O	Q	N	F	B
V	E	P	W	V	S	J	B	Q	N	E	E	T	X	I	S

FOURTEEN
ZERO
FIVE
FOUR
DECIMAL
NINETEEN
EIGHTEEN
SIXTEEN
SEVENTEEN
TEN
TWELVE
TWO
NINE
EIGHT
FIFTEEN
SIX
SEVEN
THIRTEEN
THREE
TWENTY

19 - Física

M	F	E	T	W	S	U	T	B	M	R	N	Z	Y	V	A
E	R	U	N	I	V	E	R	S	A	L	J	G	U	E	C
C	E	N	I	G	N	E	P	A	R	T	I	C	L	E	C
H	Q	K	M	P	F	T	Q	C	K	K	R	F	A	L	E
A	U	D	W	B	L	E	N	F	V	T	P	O	C	U	L
N	E	J	A	G	M	X	K	Y	F	V	E	R	I	C	E
I	N	M	S	I	T	E	N	G	A	M	L	M	M	E	R
C	C	O	U	B	O	F	V	W	P	T	E	U	E	L	A
S	Y	T	I	V	I	T	A	L	E	R	C	L	H	O	T
N	T	A	Y	V	Y	P	D	Q	Y	I	T	A	C	M	I
U	I	C	N	V	Z	R	E	M	Q	J	R	Z	S	I	O
C	V	B	H	R	K	R	N	A	A	I	O	Q	N	G	N
L	A	D	X	A	Z	G	S	O	Y	S	N	N	K	O	T
E	R	J	W	A	O	R	I	G	A	S	S	X	S	R	U
A	G	N	T	U	F	S	T	Q	W	Z	X	M	N	X	S
R	C	U	J	R	I	Q	Y	T	I	C	O	L	E	V	S

ACCELERATION
ATOM
CHAOS
DENSITY
ELECTRON
FORMULA
FREQUENCY
GAS
GRAVITY
MAGNETISM
MASS
MECHANICS
MOLECULE
ENGINE
NUCLEAR
PARTICLE
CHEMICAL
RELATIVITY
UNIVERSAL
VELOCITY

20 - Belleza

P	H	O	T	O	G	E	N	I	C	C	Z	M	G	Z	A
U	Q	O	N	S	Y	O	E	M	T	H	Q	S	I	A	V
E	P	P	E	V	U	T	V	R	O	A	H	H	J	F	M
K	S	M	C	L	J	X	H	R	O	R	R	I	M	V	A
A	T	A	S	W	D	X	U	S	K	M	A	Q	T	Y	S
M	W	H	E	L	E	G	A	N	C	E	T	P	O	N	C
C	O	S	M	E	T	I	C	S	L	R	U	C	R	A	A
J	O	I	L	S	S	T	Y	L	I	S	T	N	W	C	R
N	K	B	C	Q	X	B	S	E	R	V	I	C	E	S	A
L	I	P	S	T	I	C	K	S	F	R	A	G	X	R	B
J	L	L	O	N	U	Y	Y	T	K	H	H	R	D	O	Q
Y	T	M	H	A	C	O	L	O	R	I	S	A	Z	S	M
T	U	R	L	G	C	K	M	L	W	U	N	C	B	S	I
Y	T	O	D	E	H	O	Z	I	G	E	X	E	Y	I	V
V	S	H	M	L	Z	L	Y	O	K	C	L	Q	J	C	R
F	I	E	X	E	C	N	A	R	G	A	R	F	N	S	P

OILS
SCENT
SHAMPOO
COLOR
COSMETICS
ELEGANCE
ELEGANT
CHARM
MIRROR
STYLIST
PHOTOGENIC
FRAGRANCE
GRACE
MAKEUP
SKIN
LIPSTICK
CURLS
MASCARA
SERVICES
SCISSORS

21 - Países #1

Z	G	V	J	S	A	R	U	D	N	O	H	B	C	M	J
E	G	Y	P	T	R	P	N	I	C	A	R	A	G	U	A
Z	Z	X	E	J	G	H	B	R	A	Z	I	L	V	I	L
G	M	V	M	Z	E	I	E	O	F	J	W	G	C	G	E
I	O	E	Z	H	N	L	Y	M	L	Y	B	G	L	L	U
W	N	Y	L	A	T	I	Z	A	F	K	C	X	X	E	Z
U	R	D	S	I	I	P	L	M	P	U	E	U	Y	B	E
J	P	N	I	I	N	P	O	G	E	R	M	A	N	Y	N
F	E	A	I	A	A	I	C	E	C	U	A	D	O	R	E
E	O	L	N	J	V	N	C	A	X	M	X	A	C	L	V
W	P	O	Z	S	V	E	O	P	N	I	A	P	S	I	G
K	T	P	D	O	W	S	R	A	U	A	X	L	I	B	U
F	T	M	Y	A	W	R	O	N	F	G	D	V	I	Y	P
I	Z	X	L	R	R	X	M	A	R	X	V	A	B	A	O
V	J	W	F	R	Z	M	T	M	G	M	I	L	N	Z	D
I	K	Z	H	N	G	I	Y	A	J	F	L	K	S	F	X

GERMANY
ARGENTINA
BELGIUM
BRAZIL
CANADA
ECUADOR
EGYPT
SPAIN
PHILIPPINES
HONDURAS
INDIA
ITALY
LIBYA
MALI
MOROCCO
NICARAGUA
NORWAY
PANAMA
POLAND
VENEZUELA

22 - Mitología

J	Z	B	A	R	C	H	E	T	Y	P	E	L	D	I	K
V	N	E	B	E	H	A	V	I	O	R	S	I	I	M	L
S	E	L	A	T	R	O	M	C	B	C	B	G	S	M	P
A	Z	I	Q	N	M	L	R	Y	D	V	N	H	A	O	H
D	N	E	G	E	L	F	A	H	A	F	U	T	S	R	D
W	C	F	O	J	L	S	R	B	Q	V	Q	N	T	T	M
R	A	S	E	G	D	F	G	H	Y	D	N	I	E	A	L
G	C	R	X	S	G	I	S	E	J	R	O	N	R	L	T
C	I	Z	R	Q	F	N	T	A	E	E	I	G	L	I	X
I	R	X	Z	I	R	I	R	V	A	T	T	N	C	T	F
U	J	E	F	V	O	G	E	E	L	S	A	L	T	Y	M
B	H	A	A	I	R	R	N	N	O	N	E	P	I	H	M
O	Z	P	H	T	A	E	G	B	U	O	R	H	E	R	O
J	R	E	D	N	U	H	T	J	S	M	C	K	C	G	U
Z	F	D	T	K	M	R	H	V	Y	C	H	M	A	U	F
R	E	V	E	N	G	E	E	R	U	T	L	U	C	E	O

ARCHETYPE
JEALOUSY
HEAVEN
BEHAVIOR
CREATION
BELIEFS
CREATURE
CULTURE
DISASTER
STRENGTH
WARRIOR
HERO
IMMORTALITY
LABYRINTH
LEGEND
MONSTER
MORTAL
LIGHTNING
THUNDER
REVENGE

23 - Ecología

W	C	Y	G	Z	W	N	Z	L	M	L	V	P	A	N	S
F	L	O	R	A	S	Z	E	T	A	M	I	L	C	A	U
W	A	H	S	P	E	P	X	T	R	E	T	U	I	T	S
Y	B	A	U	N	I	C	E	D	S	X	I	V	T	U	T
X	O	B	R	O	T	B	Z	C	H	E	L	W	O	R	A
A	L	I	V	I	I	U	C	P	I	S	W	F	V	E	I
W	G	T	I	T	N	Y	O	Q	C	E	K	R	W	V	N
V	M	A	V	A	U	W	D	U	I	W	S	K	P	H	A
M	A	T	A	T	M	D	I	V	E	R	S	I	T	Y	B
N	H	R	L	E	M	B	F	F	M	D	R	F	M	F	L
R	A	S	I	G	O	K	A	A	Z	N	F	L	C	Y	E
S	Y	T	S	E	C	R	U	O	S	E	R	Z	Y	T	N
C	Y	N	U	V	T	N	N	D	R	O	U	G	H	T	I
B	S	A	U	R	J	Y	A	U	J	G	C	Z	G	R	R
U	Y	L	U	G	A	H	L	H	S	M	Q	I	E	U	A
P	J	P	L	T	D	L	T	W	G	B	B	Q	Y	H	M

CLIMATE
COMMUNITIES
DIVERSITY
SPECIES
FAUNA
FLORA
GLOBAL
HABITAT
MARINE
NATURAL
NATURE
MARSH
PLANTS
RESOURCES
DROUGHT
SUSTAINABLE
SURVIVAL
VARIETY
VEGETATION

24 - Casa

G	M	D	H	D	N	E	G	A	R	A	G	R	B	M	U
S	A	V	H	A	E	C	N	E	F	L	L	A	W	I	R
F	H	R	D	O	F	A	O	S	X	X	T	T	E	R	U
S	S	O	D	U	Q	L	J	F	S	E	K	T	F	R	G
I	J	O	Z	E	Q	P	P	R	N	H	X	I	L	O	V
K	S	D	X	T	N	E	M	E	S	A	B	C	O	R	G
W	D	I	F	C	K	R	A	O	O	Y	O	F	O	O	R
V	Y	R	A	R	B	I	L	S	P	G	L	P	R	B	I
B	E	A	D	L	U	F	T	H	W	H	A	C	S	T	F
U	R	B	A	N	F	Y	B	C	V	I	G	O	H	Q	J
E	C	O	F	A	U	C	E	T	H	P	C	W	O	M	O
B	K	G	O	T	C	W	B	A	W	E	T	I	W	Z	I
W	U	V	S	M	O	O	R	D	E	B	N	N	E	X	C
B	F	Q	Y	Y	J	X	W	H	K	F	G	D	R	I	G
Y	O	B	L	T	U	F	M	M	K	T	K	O	S	S	S
E	C	F	V	K	R	W	I	V	Z	G	H	W	K	R	F

RUG
ATTIC
LIBRARY
FIREPLACE
KITCHEN
BEDROOM
SHOWER
BROOM
MIRROR
GARAGE
FAUCET
GARDEN
LAMP
WALL
FLOOR
DOOR
BASEMENT
ROOF
FENCE
WINDOW

25 - Salud y Bienestar #2

Q	E	F	E	S	Z	A	O	B	F	I	F	O	H	M	A
S	N	D	Y	T	X	N	N	U	B	Y	X	X	O	A	L
L	E	W	O	R	I	S	T	A	B	G	R	M	S	S	L
T	R	C	E	E	Q	F	H	I	T	D	F	P	P	S	E
W	G	C	V	S	S	I	E	Z	H	O	G	F	I	A	R
T	Y	G	B	S	T	B	A	H	Y	U	M	L	T	G	G
D	I	S	E	A	S	E	L	E	G	M	A	Y	A	E	Y
W	P	H	N	J	C	O	T	O	I	G	P	H	L	E	P
G	H	D	O	O	L	B	H	S	E	E	P	O	K	U	D
S	W	E	I	G	H	T	Y	P	N	N	E	X	Z	C	F
N	O	I	T	C	E	F	N	I	E	E	T	M	W	J	Z
S	B	R	I	Y	I	N	I	M	A	T	I	V	X	V	M
U	O	O	R	U	Q	A	M	B	Y	I	T	W	Q	I	G
C	A	L	T	Z	L	R	G	V	N	C	E	E	D	M	W
B	R	A	U	C	B	N	O	I	T	S	E	G	I	D	W
P	M	C	N	K	J	R	E	C	O	V	E	R	Y	D	R

ALLERGY
ANATOMY
APPETITE
CALORIE
DIET
DIGESTION
ENERGY
DISEASE
STRESS
GENETICS
HYGIENE
HOSPITAL
INFECTION
MASSAGE
NUTRITION
WEIGHT
RECOVERY
HEALTHY
BLOOD
VITAMIN

26 - Selva Tropical

L	P	G	B	H	A	R	K	X	B	X	N	D	C	R	R
C	D	V	E	S	L	U	D	Y	P	U	M	I	O	B	E
C	L	O	R	C	A	E	K	R	W	J	G	V	M	P	S
R	E	S	P	E	C	T	N	S	S	O	M	E	M	Z	T
V	G	N	P	R	I	A	O	U	P	B	R	R	U	A	O
A	U	A	S	U	N	M	I	O	F	N	D	S	N	S	R
L	F	I	U	T	A	I	T	N	S	E	D	I	I	M	A
U	E	B	R	A	T	L	A	E	S	Z	B	T	T	A	T
A	R	I	V	N	O	C	V	G	D	E	L	Y	Y	M	I
B	O	H	I	C	B	S	R	I	U	F	C	H	Z	M	O
L	A	P	V	G	D	Z	E	D	O	T	S	T	F	A	N
E	N	M	A	P	O	V	S	N	L	E	H	K	S	L	D
P	M	A	L	K	W	S	E	I	C	E	P	S	L	S	Z
W	J	T	N	B	E	E	R	J	U	N	G	L	E	J	M
D	H	U	A	P	O	G	P	B	I	R	D	S	O	V	Y
F	I	D	O	T	P	O	F	D	N	D	W	W	Y	A	O

AMPHIBIANS
BOTANICAL
CLIMATE
COMMUNITY
DIVERSITY
SPECIES
INDIGENOUS
INSECTS
MAMMALS
MOSS

NATURE
CLOUDS
BIRDS
PRESERVATION
REFUGE
RESPECT
RESTORATION
JUNGLE
SURVIVAL
VALUABLE

27 - Colores

A	C	S	D	V	Y	A	W	P	I	N	K	Y	G	V	M
R	U	E	E	G	I	E	B	F	Z	D	U	U	Y	J	A
H	D	D	R	P	D	S	L	T	B	B	Q	Y	E	R	G
A	Z	U	R	E	I	A	B	L	Z	K	C	A	L	B	E
A	E	Z	N	Q	L	A	O	R	A	N	G	E	L	G	N
S	J	S	T	P	B	P	Z	L	K	A	T	U	O	R	T
C	I	N	D	I	G	O	R	Y	K	Y	F	L	W	E	A
C	R	X	J	J	X	L	Z	U	L	C	R	B	W	E	I
V	G	I	G	G	V	Q	E	V	P	A	I	Z	G	N	S
J	N	T	M	A	N	L	J	Z	U	V	G	C	Z	H	H
Z	A	N	M	S	G	X	B	O	X	H	R	V	P	I	C
N	L	M	Y	B	O	U	V	M	G	P	G	I	W	M	U
L	B	A	A	A	S	N	M	Z	J	A	C	O	K	V	F
L	L	W	Q	G	B	R	O	W	N	Z	W	L	O	G	X
C	C	T	K	W	H	I	T	E	I	I	K	E	K	J	V
Z	I	J	O	X	H	U	E	S	N	T	L	T	A	N	N

YELLOW
BLUE
AZURE
BEIGE
WHITE
CRIMSON
CYAN
FUCHSIA
GREY
INDIGO
MAGENTA
BROWN
ORANGE
BLACK
PURPLE
RED
PINK
SEPIA
GREEN
VIOLET

28 - Adjetivos #1

A	H	O	N	E	S	T	M	S	E	R	I	O	U	S	H
Y	R	O	I	N	W	D	O	V	A	L	U	A	B	L	E
B	I	O	L	Z	U	V	D	U	K	C	Q	O	J	C	G
R	M	P	M	H	H	V	E	H	B	H	G	D	C	Y	D
I	P	H	V	A	L	E	R	S	U	O	R	E	N	E	G
G	O	O	U	I	T	V	N	S	I	G	V	H	U	Q	A
H	R	O	H	N	U	I	Y	R	F	M	E	O	Q	K	M
T	T	T	E	N	R	T	C	P	E	R	F	E	C	T	B
H	A	J	F	O	J	C	K	D	Z	B	K	T	Z	S	I
A	N	A	Y	C	S	A	Y	M	A	Q	S	U	N	D	T
F	T	P	A	E	Y	R	W	E	G	R	A	L	F	V	I
S	L	O	W	N	O	T	H	E	R	G	K	O	C	Y	O
D	C	T	U	T	U	T	G	C	S	U	P	S	N	I	U
H	E	A	V	Y	N	A	G	H	Y	P	N	B	O	G	S
A	O	W	K	L	G	B	J	Q	I	V	B	A	R	S	Y
A	M	L	I	Z	P	A	C	T	I	V	E	E	D	J	P

ABSOLUTE
ACTIVE
AMBITIOUS
AROMATIC
ATTRACTIVE
BRIGHT
HUGE
GENEROUS
LARGE
HONEST

IMPORTANT
INNOCENT
YOUNG
SLOW
MODERN
DARK
PERFECT
HEAVY
SERIOUS
VALUABLE

29 - Familia

C	C	H	I	L	D	R	E	N	M	Q	J	T	N	H	G
M	H	D	N	A	B	S	U	H	A	B	Z	J	K	J	R
L	O	I	A	K	L	O	W	X	T	P	T	M	X	T	A
G	M	L	L	U	E	H	B	C	E	F	I	W	N	F	N
G	Z	P	U	D	G	P	H	R	R	A	R	A	E	A	D
C	R	I	C	O	D	H	P	S	N	F	B	N	P	U	F
V	C	A	Y	O	G	O	T	P	A	A	E	C	H	N	A
K	L	L	N	H	D	H	Q	E	L	T	Y	E	E	T	T
X	K	H	F	D	P	A	F	L	R	H	S	S	W	M	H
T	H	M	E	L	S	W	Y	C	K	E	I	T	R	O	E
C	O	U	S	I	N	O	T	N	Q	R	S	O	V	T	R
B	R	O	T	H	E	R	N	U	I	K	T	R	P	H	H
T	N	I	E	C	E	P	R	O	Q	I	E	N	C	E	R
S	R	R	E	H	T	O	M	D	N	A	R	G	D	R	D
U	N	Q	J	C	Y	K	N	U	N	S	B	D	T	A	N
Z	X	G	H	H	E	O	D	G	O	G	U	G	N	H	F

GRANDMOTHER
GRANDFATHER
ANCESTOR
WIFE
SISTER
BROTHER
DAUGHTER
CHILDHOOD
MOTHER
HUSBAND
MATERNAL
GRANDSON
CHILD
CHILDREN
FATHER
COUSIN
NIECE
NEPHEW
AUNT
UNCLE

30 - Disciplinas Científicas

X	A	C	W	C	T	Y	N	A	T	O	B	V	I	Y	E
J	M	V	W	N	M	G	Y	G	O	L	O	I	C	O	S
K	X	G	E	O	L	O	G	Y	W	N	P	M	Z	K	I
P	H	Y	S	I	O	L	O	G	Y	E	S	M	O	F	X
T	S	G	C	T	E	O	L	O	R	U	Y	U	O	Y	N
O	U	O	I	I	H	E	O	L	T	R	C	N	L	W	E
S	W	L	N	R	J	A	R	A	S	O	H	O	O	F	N
D	B	O	A	T	X	H	O	R	I	L	O	L	G	M	R
D	T	I	H	U	P	C	E	E	M	O	L	O	Y	S	K
S	S	B	C	N	J	R	T	N	E	G	O	G	A	A	L
V	C	A	E	V	J	A	E	I	H	Y	G	Y	H	H	W
X	K	D	M	I	Z	S	M	M	C	W	Y	W	U	Z	W
B	I	O	C	H	E	M	I	S	T	R	Y	D	W	M	D
Q	J	P	H	L	I	N	G	U	I	S	T	I	C	S	E
E	C	O	L	O	G	Y	A	S	T	R	O	N	O	M	Y
I	W	U	F	U	D	M	M	J	A	N	A	T	O	M	Y

ANATOMY
ARCHAEOLOGY
ASTRONOMY
BIOLOGY
BIOCHEMISTRY
BOTANY
ECOLOGY
PHYSIOLOGY
GEOLOGY
IMMUNOLOGY
LINGUISTICS
MECHANICS
METEOROLOGY
MINERALOGY
NEUROLOGY
NUTRITION
PSYCHOLOGY
CHEMISTRY
SOCIOLOGY
ZOOLOGY

31 - Cocina

B	H	C	S	W	K	B	N	O	G	S	N	V	V	L	A
R	C	E	X	H	E	D	O	W	E	P	W	X	I	A	P
E	E	D	X	S	T	F	N	W	Q	O	Q	J	L	D	R
Z	R	F	O	K	T	S	L	E	L	O	M	O	Y	L	O
E	P	B	R	C	L	C	H	C	F	N	E	V	O	E	N
E	Y	B	C	I	E	C	U	S	Q	S	E	C	I	P	S
R	T	I	P	T	G	O	Q	P	N	M	N	C	N	I	K
F	H	J	M	S	U	E	O	B	S	F	L	X	K	C	R
Q	A	Z	P	P	J	I	R	C	W	O	E	S	Y	E	O
I	K	N	C	O	M	J	T	A	E	O	T	D	O	R	F
Y	A	K	W	H	Y	R	Q	Z	T	D	U	I	I	R	M
E	M	W	T	C	G	S	J	D	A	O	K	S	U	B	O
S	W	J	X	K	R	M	N	E	Z	G	R	A	A	X	U
F	C	K	D	U	I	I	W	B	N	A	P	K	I	N	H
P	Q	T	A	A	L	K	N	I	V	E	S	R	E	F	M
D	S	U	E	Z	L	S	P	O	N	G	E	S	H	P	P

KETTLE
TO EAT
FOOD
FREEZER
SPOONS
LADLE
KNIVES
APRON
SPICES
SPONGE
OVEN
JUG
CHOPSTICKS
GRILL
RECIPE
REFRIGERATOR
NAPKIN
CUPS
BOWL
FORKS

32 - Moda

S	I	M	P	L	E	Z	F	A	B	R	I	C	M	J	U
T	A	A	I	K	W	G	U	F	M	T	S	L	A	C	E
T	R	E	N	D	D	Q	H	A	O	E	T	Z	C	E	V
W	L	O	Q	N	V	V	Y	J	D	X	N	E	L	X	S
S	U	Y	G	R	Z	C	S	P	E	T	E	E	O	P	O
F	U	M	E	E	B	G	E	X	R	U	M	M	T	E	P
P	R	A	C	T	I	C	A	L	N	R	E	B	H	N	H
R	K	P	H	T	S	Y	H	A	Y	E	R	R	I	S	I
E	L	E	G	A	N	T	V	N	G	T	U	O	N	I	S
U	C	A	Z	P	O	S	U	I	H	V	S	I	G	V	T
Q	S	O	W	E	T	E	J	G	Q	M	A	D	K	E	I
I	A	W	N	K	T	D	C	I	E	I	E	E	L	P	C
T	D	W	X	H	U	O	S	R	E	D	M	R	G	C	A
U	X	S	I	N	B	M	A	O	K	N	Q	Y	Y	V	T
O	M	I	N	I	M	A	L	I	S	T	F	A	B	M	E
B	J	D	L	H	S	E	G	D	T	W	L	C	J	C	D

EMBROIDERY
BUTTONS
BOUTIQUE
EXPENSIVE
ELEGANT
LACE
STYLE
MEASUREMENTS
MINIMALIST
MODERN
MODEST
ORIGINAL
PATTERN
PRACTICAL
CLOTHING
SIMPLE
SOPHISTICATED
FABRIC
TREND
TEXTURE

33 - Electricidad

K	M	N	S	Z	C	X	J	M	R	R	V	N	B	R	Z
O	O	O	N	O	L	H	P	O	E	X	Y	E	A	N	R
Q	C	I	R	T	C	E	L	E	W	B	D	G	T	E	N
W	Q	S	D	Q	A	K	R	O	L	S	Z	A	T	D	G
M	D	I	X	H	N	G	E	L	B	A	C	T	E	H	E
B	X	V	I	T	P	Q	S	T	T	N	Y	I	R	W	N
Z	U	E	J	O	O	W	A	N	L	D	U	V	Y	I	E
Q	E	L	P	W	S	B	L	E	S	I	O	E	T	R	R
S	J	E	B	N	I	V	Y	M	N	W	W	D	P	E	A
L	T	T	E	M	T	N	V	P	M	A	L	M	G	S	T
Y	I	O	J	E	I	Y	T	I	T	N	A	U	Q	A	O
N	Z	C	R	W	V	D	P	U	Z	Z	S	C	X	K	R
Q	T	K	P	A	E	E	J	Q	N	E	T	W	O	R	K
E	O	N	I	J	G	P	I	E	O	B	J	E	C	T	S
Y	T	E	L	F	R	E	T	E	L	E	P	H	O	N	E
M	A	G	N	E	T	C	E	S	N	G	Y	M	U	C	Q

STORAGE
BATTERY
BULB
CABLE
WIRES
QUANTITY
ELECTRIC
SOCKET
EQUIPMENT
GENERATOR
MAGNET
LAMP
LASER
NEGATIVE
OBJECTS
POSITIVE
NETWORK
TELEVISION
TELEPHONE

34 - Salud y Bienestar #1

R	E	L	A	X	A	T	I	O	N	A	Q	J	C	K	E
E	L	B	I	B	S	R	T	F	W	V	C	D	Q	D	X
D	G	S	G	T	J	X	N	W	P	P	F	T	N	X	E
P	O	S	T	U	R	E	E	Q	D	G	G	S	I	G	Y
M	H	E	H	G	J	L	M	T	K	P	E	K	Y	V	P
U	E	N	H	R	A	F	T	I	B	A	H	I	W	W	E
S	I	O	R	V	N	E	A	H	P	N	Q	N	K	I	Y
C	G	B	V	Y	V	R	E	M	E	I	B	E	T	B	B
L	H	S	E	N	O	M	R	O	H	R	O	T	C	O	D
E	T	N	R	N	Q	A	T	D	I	W	A	W	S	V	X
S	C	W	U	X	I	C	L	I	N	I	C	P	V	I	P
V	J	I	T	B	Y	C	A	M	R	A	H	P	Y	R	Q
A	B	A	C	T	E	R	I	A	M	E	X	E	S	U	Q
V	E	U	A	S	X	Y	Q	D	U	K	Z	E	A	S	S
H	M	M	R	W	J	M	B	V	E	H	U	N	G	E	R
R	Q	C	F	Z	Q	K	B	X	Y	M	T	Z	K	S	O

ACTIVE
HEIGHT
BACTERIA
CLINIC
DOCTOR
PHARMACY
FRACTURE
HUNGER
HABIT
HORMONES
BONES
MEDICINE
MUSCLES
SKIN
POSTURE
REFLEX
RELAXATION
THERAPY
TREATMENT
VIRUS

35 - Adjetivos #2

W	Z	G	E	X	N	G	N	O	R	T	S	X	H	Q	R
B	R	A	M	Q	K	P	A	G	J	Z	E	O	G	E	E
A	U	E	Y	W	S	X	T	R	C	T	U	F	O	V	S
H	E	A	L	T	H	Y	U	C	R	K	P	R	L	T	P
T	E	J	D	F	S	N	R	U	C	P	R	E	A	H	O
N	O	R	M	A	L	I	A	M	Y	R	O	S	F	T	N
W	G	I	G	E	D	G	L	T	E	O	D	H	A	U	S
D	H	F	V	L	Y	X	M	F	U	U	U	Y	M	R	I
T	R	C	I	T	A	M	A	R	D	D	C	H	O	J	B
A	E	R	G	T	E	V	S	L	U	W	T	F	U	W	L
Q	T	E	D	R	Y	P	D	A	Y	C	I	P	S	H	E
F	Q	A	U	E	N	V	O	E	L	W	V	M	C	P	L
W	P	T	N	A	G	E	L	E	R	T	E	W	F	B	B
G	N	I	T	S	E	R	E	T	N	I	Y	N	E	W	I
O	V	V	R	D	E	S	C	R	I	P	T	I	V	E	D
P	N	E	H	F	H	J	K	Z	U	M	X	P	S	R	E

TIRED
EDIBLE
CREATIVE
DESCRIPTIVE
DRAMATIC
ELEGANT
FAMOUS
FRESH
STRONG
INTERESTING
NATURAL
NORMAL
NEW
PROUD
SPICY
PRODUCTIVE
RESPONSIBLE
SALTY
HEALTHY
DRY

36 - Cuerpo Humano

T	J	T	M	R	B	R	E	G	E	L	S	P	O	Q	B
O	U	G	T	Q	D	A	L	M	E	A	L	E	F	I	D
N	A	N	P	H	A	I	B	S	Y	I	R	I	L	X	P
G	N	B	P	H	E	S	O	N	E	O	E	G	V	S	B
U	K	M	D	E	J	A	W	G	X	P	G	Q	S	I	B
E	L	M	R	G	F	D	R	R	Y	B	N	I	A	R	B
Q	E	J	Y	Q	G	P	B	T	T	D	I	O	G	G	Q
E	D	W	B	G	M	G	O	N	M	K	F	Z	A	B	J
F	A	C	E	G	P	W	O	E	E	X	K	I	O	F	X
L	E	T	I	Z	H	H	D	S	G	I	T	K	N	E	E
I	H	S	H	O	U	L	D	E	R	E	M	C	T	V	T
M	A	G	T	Q	T	D	D	D	H	C	J	E	Y	N	L
D	N	P	U	A	H	E	B	H	C	P	H	N	M	O	T
Q	D	O	O	L	B	Y	T	T	P	R	N	I	F	W	R
P	P	W	M	I	V	D	G	B	U	T	I	K	N	Q	W
M	S	Y	J	K	G	Y	D	J	L	M	Y	S	I	L	L

CHIN
MOUTH
HEAD
FACE
BRAIN
ELBOW
HEART
NECK
FINGER
SHOULDER

TONGUE
HAND
NOSE
EYE
EAR
SKIN
LEG
KNEE
BLOOD
ANKLE

37 - Calentamiento Global

Z	G	T	E	D	R	A	H	M	H	C	W	L	Z	X	L
L	O	Y	N	T	E	A	X	T	P	R	O	K	D	L	K
O	V	C	V	N	M	V	J	P	E	I	Z	U	R	E	R
Z	E	Y	I	O	Q	M	E	W	H	S	A	G	E	A	K
C	R	M	R	I	N	Y	A	L	W	I	A	V	H	C	B
J	N	I	O	T	T	S	Z	V	O	S	Q	Y	X	A	H
I	M	S	N	A	S	A	F	S	N	P	T	G	T	D	L
O	E	J	M	L	I	U	Y	U	E	L	M	R	C	A	O
H	N	D	E	S	T	H	D	X	Z	C	Q	E	S	T	V
C	T	P	N	I	N	O	U	N	H	I	A	N	N	A	B
L	V	T	T	G	E	F	N	O	I	T	N	E	T	T	A
I	S	H	A	E	I	O	C	W	I	C	R	D	P	M	U
M	H	T	L	L	C	Q	U	E	U	R	Q	C	F	N	U
A	T	A	T	R	S	N	O	I	T	A	R	E	N	E	G
T	C	O	N	S	E	Q	U	E	N	C	E	S	O	N	X
E	R	U	T	U	F	L	Z	C	O	R	H	M	O	Q	Z

NOW
ENVIRONMENTAL
ATTENTION
ARCTIC
SCIENTIST
CLIMATE
CONSEQUENCES
CRISIS
DATA
DEVELOPMENT
ENERGY
FUTURE
GAS
GENERATIONS
GOVERNMENT
INDUSTRY
LEGISLATION

38 - Ciencia

A	I	Q	A	H	F	C	R	H	Z	O	S	H	M	R	O
L	N	P	C	S	K	M	E	V	M	R	S	Y	O	M	L
W	R	J	W	J	N	M	K	Y	S	G	Q	P	L	E	J
Y	Y	M	J	O	S	R	W	T	C	A	F	O	E	V	L
C	D	D	O	H	T	E	M	M	D	N	O	T	C	O	Q
A	T	S	I	T	N	E	I	C	S	I	S	H	U	L	F
L	A	B	O	R	A	T	O	R	Y	S	S	E	L	U	P
N	C	J	U	T	L	A	M	D	T	M	I	S	E	T	P
A	H	P	Y	Y	P	M	W	A	I	S	L	I	S	I	A
T	E	B	O	Q	Z	I	H	T	V	L	G	S	C	O	R
U	M	V	Z	I	F	L	S	A	A	A	U	Z	I	N	T
R	I	P	Z	P	F	C	Z	T	R	R	D	S	S	K	I
E	C	E	W	I	W	M	X	R	G	E	D	S	Y	X	C
A	A	E	X	P	E	R	I	M	E	N	T	M	H	H	L
A	L	B	Q	X	F	Z	D	N	O	I	F	Q	P	D	E
L	Q	D	W	D	R	F	X	H	E	M	E	V	Z	Q	S

ATOM
SCIENTIST
CLIMATE
DATA
EVOLUTION
EXPERIMENT
PHYSICS
FOSSIL
GRAVITY
FACT

HYPOTHESIS
LABORATORY
METHOD
MINERALS
MOLECULES
NATURE
ORGANISM
PARTICLES
PLANTS
CHEMICAL

39 - Restaurante #2

F	A	P	P	E	T	I	Z	E	R	X	S	S	G	G	E
Q	I	Q	J	C	O	P	V	R	A	X	A	P	K	B	B
S	M	S	A	V	Q	T	E	W	E	X	L	I	J	L	F
E	O	L	H	L	L	F	F	X	F	L	T	C	J	F	R
L	B	U	F	B	U	R	E	T	I	A	W	E	C	I	L
B	U	C	P	T	N	A	G	O	Z	X	K	S	W	X	D
A	J	H	T	E	C	F	A	Y	Z	G	L	D	Q	M	G
T	H	A	S	Z	H	T	R	E	T	A	W	I	N	U	A
E	B	I	Y	N	U	Z	E	U	V	Z	C	N	X	A	K
G	A	R	U	L	N	U	V	R	I	H	I	N	D	Z	E
E	C	F	C	B	D	M	E	X	L	T	D	E	K	A	C
V	P	O	G	I	Y	E	B	U	A	P	R	R	I	L	N
S	A	L	A	D	Z	W	S	P	O	O	N	F	O	R	K
F	B	D	E	L	I	C	I	O	U	S	T	N	U	X	C
O	R	O	B	F	X	H	E	L	D	B	L	F	Q	T	O
A	F	S	F	M	X	V	D	F	H	L	K	G	S	R	G

WATER
LUNCH
APPETIZER
BEVERAGE
WAITER
DINNER
SPOON
DELICIOUS
SALAD
SPICES
FRUIT
ICE
EGGS
CAKE
FISH
SALT
CHAIR
SOUP
FORK
VEGETABLES

40 - Profesiones #1

Z	B	K	H	C	A	O	C	S	J	O	N	T	H	A	C
A	D	Q	S	A	R	S	R	K	E	T	E	L	H	T	A
H	P	P	A	Z	E	I	T	G	X	Q	F	D	X	T	R
B	W	E	U	B	T	M	S	R	E	T	N	U	H	O	T
N	U	R	S	E	H	E	I	O	O	F	X	V	V	R	O
D	I	H	Q	G	G	X	G	T	N	N	R	P	W	N	G
E	T	X	V	I	I	N	O	C	V	F	O	P	W	E	R
G	L	C	Y	Q	F	B	L	O	Z	J	T	M	U	Y	A
R	E	L	E	W	E	J	O	D	F	V	I	Z	E	T	P
P	U	O	R	Z	R	J	H	H	B	S	D	A	J	R	H
B	I	Y	L	O	I	H	C	N	U	S	E	L	P	D	E
A	W	A	T	O	F	R	Y	V	L	N	I	S	M	J	R
N	X	V	N	F	G	Q	S	M	U	S	I	C	I	A	N
K	Q	V	G	I	N	I	P	P	L	U	M	B	E	R	H
E	C	V	X	N	S	P	S	W	Z	R	D	Y	L	P	M
R	E	C	N	A	D	T	I	T	E	W	P	C	O	F	N

ATTORNEY
ASTRONOMER
ATHLETE
DANCER
BANKER
FIREFIGHTER
CARTOGRAPHER
HUNTER
DOCTOR
EDITOR
NURSE
COACH
PLUMBER
GEOLOGIST
JEWELER
MUSICIAN
PIANIST
PSYCHOLOGIST

41 - Geometría

E	Z	V	O	G	A	P	O	X	N	Q	V	X	X	Z	X
E	F	E	U	U	G	V	N	M	O	J	E	T	N	C	K
Z	Q	U	Y	R	Q	P	C	D	I	N	G	Y	O	T	Q
U	V	U	O	M	I	N	M	H	S	O	V	I	I	J	X
Q	M	N	A	I	D	E	M	T	N	V	P	E	T	L	B
H	L	I	I	T	N	E	M	G	E	S	A	V	A	A	Y
M	A	T	H	G	I	E	H	E	M	D	R	Q	L	T	V
W	C	S	G	K	N	O	M	C	I	Q	A	F	U	N	N
L	I	W	W	E	L	G	N	A	D	P	L	M	C	O	H
O	T	H	E	O	R	Y	I	F	O	T	L	V	L	Z	P
M	R	L	F	Y	C	X	C	R	E	T	E	M	A	I	D
A	E	D	M	A	D	J	G	U	E	X	L	Q	C	R	L
S	V	Z	W	B	U	G	J	S	R	B	J	U	W	O	O
S	S	Y	M	M	E	T	R	Y	T	V	M	B	T	H	G
P	R	O	P	O	R	T	I	O	N	O	E	U	P	Y	I
T	R	I	A	N	G	L	E	M	I	N	L	B	N	E	C

HEIGHT
ANGLE
CALCULATION
CURVE
DIAMETER
DIMENSION
EQUATION
HORIZONTAL
LOGIC
MASS
MEDIAN
NUMBER
PARALLEL
PROPORTION
SEGMENT
SYMMETRY
SURFACE
THEORY
TRIANGLE
VERTICAL

42 - Baile

B	O	D	Y	P	F	P	M	U	S	I	C	C	Y	S	C
M	M	M	N	A	M	A	D	T	L	O	L	H	S	C	U
E	O	C	C	X	N	R	Z	I	L	T	R	O	N	U	L
V	M	V	J	X	N	T	A	L	A	I	V	R	F	L	T
I	F	O	E	U	F	N	R	Z	C	E	C	E	J	T	U
S	A	Q	T	M	O	E	T	N	I	Q	Z	O	U	U	R
S	W	D	B	I	E	R	U	T	S	O	P	G	M	R	A
E	C	A	R	G	O	N	F	C	S	F	V	R	P	E	L
R	T	L	M	C	R	N	T	S	A	U	I	A	S	D	Z
P	S	A	R	R	U	H	W	Q	L	X	S	P	X	K	Y
X	C	J	I	P	T	Y	Y	S	C	K	U	H	C	U	H
E	A	C	A	D	E	M	Y	T	H	C	A	Y	M	Q	L
B	G	G	Q	P	K	S	V	W	H	E	L	K	R	E	Z
R	E	H	E	A	R	S	A	L	R	M	P	L	H	G	T
T	R	A	D	I	T	I	O	N	A	L	U	F	Y	O	J
O	Z	Q	W	X	Q	K	O	N	I	U	N	Q	G	F	E

ACADEMY
JOYFUL
ART
CLASSICAL
CHOREOGRAPHY
BODY
CULTURE
CULTURAL
EMOTION
REHEARSAL
EXPRESSIVE
GRACE
MOVEMENT
MUSIC
POSTURE
RHYTHM
JUMP
PARTNER
TRADITIONAL
VISUAL

43 - Matemáticas

G	E	O	M	E	T	R	Y	R	T	E	M	M	Y	S	H
P	E	R	P	E	N	D	I	C	U	L	A	R	Q	K	A
L	I	M	A	R	G	O	L	E	L	L	A	R	A	P	N
E	C	N	E	R	E	F	M	U	C	R	I	C	U	R	G
L	P	R	N	O	I	T	A	U	Q	E	O	Q	Z	A	L
L	D	E	C	I	I	T	N	E	N	O	P	X	E	D	E
A	S	I	R	D	O	S	H	U	U	E	Y	R	L	I	S
R	W	I	A	I	F	L	A	M	I	C	E	D	G	U	P
A	F	Q	E	M	M	D	Z	U	E	T	N	K	N	S	O
P	R	X	M	L	E	E	N	Z	S	T	O	X	A	Y	L
S	P	H	E	R	E	T	T	E	I	B	I	W	I	V	Y
V	O	L	U	M	E	B	E	E	U	K	T	C	R	N	G
E	L	G	N	A	T	C	E	R	R	K	C	B	T	G	O
M	L	Q	D	P	N	Q	A	N	Z	O	A	Q	H	O	N
V	E	H	H	Q	G	G	J	E	D	E	R	Q	A	V	C
C	N	K	B	Q	G	I	D	D	W	Y	F	L	G	Z	R

ARITHMETIC
ANGLES
CIRCUMFERENCE
DECIMAL
DIAMETER
EQUATION
SPHERE
EXPONENT
FRACTION
GEOMETRY

PARALLEL
PARALLELOGRAM
PERIMETER
PERPENDICULAR
POLYGON
RADIUS
RECTANGLE
SYMMETRY
TRIANGLE
VOLUME

44 - Restaurante #1

K	H	D	J	C	K	N	I	F	E	F	O	O	D	D	I
N	I	T	B	D	A	E	R	B	H	E	L	D	G	E	N
V	U	T	A	E	M	S	S	E	R	T	I	A	W	S	G
L	A	A	C	T	B	J	H	Q	X	K	N	C	B	S	R
H	N	E	C	H	Q	E	X	I	L	B	A	H	E	E	E
B	I	O	D	E	E	J	A	X	E	U	P	I	S	R	D
R	G	T	P	N	O	N	M	L	I	R	K	C	T	T	I
M	E	N	U	E	A	N	Y	V	L	Z	I	K	E	V	E
P	W	G	I	Y	O	C	V	I	W	E	N	E	M	L	N
R	E	S	E	R	V	A	T	I	O	N	R	N	G	S	T
C	O	S	E	F	L	D	U	E	B	F	D	G	P	A	S
O	Q	E	M	J	X	Q	V	L	I	B	Z	Y	Y	U	R
F	E	M	W	J	C	Z	S	X	I	D	B	H	C	C	J
F	V	R	A	O	A	J	Z	I	P	B	W	O	I	E	V
E	H	N	I	O	L	B	W	Z	V	F	U	U	P	H	U
E	L	R	D	L	K	I	P	L	A	T	E	X	S	B	M

ALLERGY
COFFEE
CASHIER
WAITRESS
MEAT
KITCHEN
TO EAT
FOOD
KNIFE
INGREDIENTS

MENU
BREAD
SPICY
PLATE
CHICKEN
DESSERT
RESERVATION
SAUCE
NAPKIN
BOWL

45 - Profesiones #2

P	H	Y	S	I	C	I	A	N	H	D	N	Q	J	W	J
G	D	Z	Q	V	T	C	U	P	J	R	B	E	O	D	A
E	F	O	V	R	E	T	N	I	A	P	I	N	U	I	B
X	D	O	P	E	T	P	T	A	E	S	O	G	R	L	L
G	D	L	O	H	S	C	U	J	W	U	L	I	N	L	L
A	E	O	J	P	I	B	A	M	W	R	O	N	A	U	I
R	T	G	C	A	U	L	N	B	J	G	G	E	L	S	B
D	E	I	K	R	G	N	O	T	S	E	I	E	I	T	R
E	C	S	H	G	N	I	R	S	T	O	S	R	S	R	A
N	T	T	B	O	I	G	T	I	O	N	T	K	T	A	R
E	I	M	R	T	L	B	S	T	L	P	A	T	J	T	I
R	V	J	I	O	M	O	A	N	I	H	H	C	U	O	A
Q	E	O	G	H	D	F	Y	E	P	S	P	E	E	R	N
O	W	N	E	P	P	S	K	D	K	T	G	O	R	P	N
S	J	I	R	E	S	E	A	R	C	H	E	R	P	Q	J
I	N	V	E	N	T	O	R	E	H	C	A	E	T	J	J

ASTRONAUT
LIBRARIAN
BIOLOGIST
SURGEON
DENTIST
DETECTIVE
PHILOSOPHER
PHOTOGRAPHER
ILLUSTRATOR
ENGINEER
INVENTOR
RESEARCHER
GARDENER
LINGUIST
PHYSICIAN
JOURNALIST
PILOT
PAINTER
TEACHER
ZOOLOGIST

46 - Senderismo

C	J	M	V	J	G	H	D	E	R	I	T	H	C	T	P
A	A	Z	O	D	H	D	L	W	U	N	H	E	S	O	R
N	S	M	D	S	E	D	I	U	G	E	N	A	W	O	E
I	W	P	P	R	Q	S	W	E	Q	L	W	V	N	W	P
M	O	E	A	I	W	U	P	R	L	D	M	Y	G	M	A
A	C	B	M	Y	N	X	I	U	S	T	O	N	E	S	R
L	L	P	E	T	L	G	E	T	A	M	I	L	C	K	A
S	I	S	L	Q	K	M	J	A	O	K	D	R	X	R	T
R	F	U	Q	V	J	K	X	N	R	E	T	A	W	A	I
U	F	N	T	H	V	B	O	O	T	S	S	H	M	P	O
O	R	I	E	N	T	A	T	I	O	N	O	Q	Y	V	N
O	Y	T	Y	M	C	I	M	O	U	N	T	A	I	N	X
F	Z	G	N	N	W	Q	M	F	L	F	E	C	H	Q	X
I	M	P	I	U	L	X	F	M	I	J	Z	Q	W	Z	L
D	J	W	L	J	E	W	E	L	U	N	Q	J	Y	W	R
P	D	U	M	C	V	H	K	K	I	S	I	I	T	G	G

CLIFF
WATER
ANIMALS
BOOTS
CAMPING
TIRED
CLIMATE
SUMMIT
GUIDES
MAP
MOUNTAIN
MOSQUITOES
NATURE
ORIENTATION
PARKS
HEAVY
STONES
PREPARATION
WILD
SUN

47 - Naturaleza

A	Y	S	F	H	K	C	S	T	S	H	E	L	T	E	R
G	R	I	E	O	E	I	P	S	R	Q	L	H	S	N	T
L	A	C	Y	D	L	I	W	A	Z	O	J	H	G	E	P
A	U	D	T	T	T	I	A	O	V	N	P	B	J	R	L
C	T	F	S	I	S	L	A	M	I	N	A	I	Y	E	X
I	C	T	E	F	C	F	T	G	W	I	B	E	C	S	D
E	N	U	R	E	V	I	R	Y	E	D	E	Z	L	A	K
R	A	D	O	Y	K	H	E	E	F	H	A	B	V	Z	L
Z	S	I	F	Z	T	F	S	N	E	S	U	X	P	T	A
F	E	A	D	S	R	H	E	V	R	F	T	W	H	I	T
D	E	L	D	V	A	A	D	C	O	O	Y	H	I	S	I
J	B	P	K	M	U	H	D	L	S	G	C	V	Q	L	V
B	R	T	A	D	D	H	O	O	I	D	S	A	Q	L	G
D	Y	N	A	M	I	C	C	U	O	M	G	I	T	F	V
P	E	A	C	E	F	U	L	D	N	R	S	P	V	T	K
W	N	K	G	J	Z	Y	E	S	X	A	P	E	T	C	D

BEES
ANIMALS
ARCTIC
BEAUTY
FOREST
DESERT
DYNAMIC
EROSION
FOLIAGE
GLACIER
FOG
CLOUDS
PEACEFUL
SHELTER
RIVER
WILD
SANCTUARY
SERENE
TROPICAL
VITAL

48 - Conduciendo

M	O	T	O	R	S	U	A	Z	R	R	Z	P	O	V	L
H	D	V	L	T	T	T	A	M	K	N	T	E	Q	G	I
F	A	P	L	P	H	R	R	N	Z	N	N	D	T	G	C
G	N	E	Q	D	X	C	A	U	J	O	E	E	U	D	E
R	G	A	M	C	T	C	T	F	C	B	D	S	N	U	N
Z	E	E	A	B	F	L	T	X	F	K	I	T	N	B	S
R	R	G	P	B	R	A	K	E	S	I	C	R	E	U	E
P	O	L	I	C	E	G	Z	Q	E	B	C	I	L	S	I
M	O	T	O	R	C	Y	C	L	E	R	A	A	Y	O	P
K	C	A	R	M	D	Q	E	U	R	A	T	N	G	Y	V
F	U	E	L	K	Q	C	Y	L	A	Y	Z	S	A	G	G
Q	S	H	B	N	H	O	A	S	E	Z	N	P	R	W	P
Q	P	D	S	H	O	J	B	S	P	O	I	S	A	R	X
Q	F	S	Q	C	T	P	Y	B	R	Z	H	H	G	J	N
C	H	A	P	X	F	T	B	B	K	Z	D	E	E	P	S
O	N	X	L	X	W	Z	F	S	A	F	E	T	Y	B	I

ACCIDENT
BUS
STREET
TRUCK
CAR
FUEL
BRAKES
GARAGE
GAS
LICENSE
MAP
MOTORCYCLE
MOTOR
PEDESTRIAN
DANGER
POLICE
SAFETY
TRAFFIC
TUNNEL
SPEED

49 - Ballet

R	C	I	T	S	I	T	R	A	V	P	I	V	C	D	D
L	E	S	S	O	N	S	E	O	P	N	S	A	O	Q	A
C	I	R	M	H	T	Y	H	R	B	P	E	I	R	J	Z
H	J	E	W	H	F	S	E	C	A	I	L	Y	D	M	O
O	J	C	X	L	L	S	A	H	L	N	L	A	E	C	U
R	N	N	I	O	Q	T	R	E	L	T	I	B	U	L	C
E	B	A	A	T	X	Y	S	S	E	E	K	X	Q	S	R
O	C	D	R	U	X	L	A	T	R	N	S	M	I	E	E
G	O	J	B	S	D	E	L	R	I	S	Y	U	N	L	R
R	M	E	H	I	Q	I	C	A	N	I	Q	S	H	C	U
A	P	Z	C	M	E	X	E	I	A	T	G	I	C	S	T
P	O	F	D	F	D	I	F	N	T	Y	W	C	E	U	S
H	S	R	I	U	M	V	D	N	C	C	B	V	T	M	E
Y	E	V	I	S	S	E	R	P	X	E	A	L	X	E	G
O	R	H	S	Q	S	N	M	X	T	B	D	R	X	S	V
P	M	W	U	K	Q	U	O	R	R	P	N	E	P	G	Y

APPLAUSE
ARTISTIC
AUDIENCE
BALLERINA
DANCERS
COMPOSER
CHOREOGRAPHY
REHEARSAL
STYLE
EXPRESSIVE
GESTURE
SKILL
INTENSITY
LESSONS
MUSCLES
MUSIC
ORCHESTRA
PRACTICE
RHYTHM
TECHNIQUE

50 - Fuerza y Gravedad

R	Y	T	D	W	U	A	S	C	I	N	A	H	C	E	M
S	C	I	S	Y	H	P	S	P	E	E	D	L	A	X	C
U	Y	M	E	A	M	A	G	N	E	T	I	S	M	P	E
P	N	E	Y	X	N	P	N	B	D	Z	O	I	B	A	N
R	J	I	K	Y	C	E	R	T	U	U	O	X	B	N	T
E	W	L	V	S	P	N	O	T	T	Y	V	A	A	S	E
S	E	Y	R	E	V	O	C	S	I	D	R	U	N	I	R
S	I	G	F	I	R	F	P	A	N	T	I	B	R	O	T
U	G	H	K	T	P	S	G	M	G	C	B	Z	K	N	D
R	H	V	A	R	Y	T	A	H	A	A	V	D	X	W	I
E	T	S	V	E	L	E	J	L	M	P	K	B	B	F	S
B	U	S	V	P	Y	N	P	D	P	M	E	H	G	K	T
G	P	H	N	O	G	A	F	M	K	I	S	I	L	O	A
Q	P	N	E	R	C	L	F	R	I	C	T	I	O	N	N
A	Q	P	I	P	W	P	D	Y	N	A	M	I	C	T	C
F	Q	C	J	E	L	H	F	Z	O	B	L	P	Z	Q	E

CENTER
DISCOVERY
DYNAMIC
DISTANCE
AXIS
EXPANSION
PHYSICS
FRICTION
IMPACT
MAGNETISM
MAGNITUDE
MECHANICS
ORBIT
WEIGHT
PLANETS
PRESSURE
PROPERTIES
TIME
UNIVERSAL
SPEED

51 - Aventura

U	L	Z	W	X	P	R	E	P	A	R	A	T	I	O	N
N	A	V	I	G	A	T	I	O	N	Q	O	I	E	H	T
N	U	E	D	Q	H	U	X	O	T	D	B	Z	E	A	W
E	S	N	O	I	S	R	U	C	X	E	C	N	A	H	C
W	U	C	O	P	F	D	S	P	Y	T	Z	B	N	D	S
N	N	H	N	U	L	F	A	S	A	T	L	E	I	T	U
R	U	T	Q	O	B	T	I	N	D	O	O	A	Z	R	R
Y	O	J	P	E	I	Y	Y	C	G	G	K	U	F	A	P
R	H	R	M	R	K	T	R	S	U	E	W	T	X	V	R
E	N	T	H	U	S	I	A	S	M	L	R	Y	M	E	I
V	Y	K	X	T	D	V	R	N	C	T	T	O	E	L	S
A	F	F	A	A	N	I	E	D	I	U	X	Y	U	S	I
R	W	Z	G	N	E	T	N	L	Y	T	E	F	A	S	N
B	J	T	M	N	I	C	I	S	L	S	S	J	C	V	G
J	F	F	W	F	R	A	T	N	H	M	P	E	Z	L	Z
J	P	K	K	Q	F	J	I	V	U	W	W	X	D	C	K

ACTIVITY
JOY
FRIENDS
BEAUTY
DESTINATION
DIFFICULTY
ENTHUSIASM
EXCURSION
UNUSUAL
ITINERARY
NATURE
NAVIGATION
NEW
CHANCE
DANGEROUS
PREPARATION
SAFETY
SURPRISING
BRAVERY
TRAVELS

52 - Pájaros

Z	W	N	Z	Z	Z	P	U	V	P	C	E	I	H	V	D
T	O	F	F	U	K	M	Q	S	A	H	C	F	E	P	X
V	X	W	Q	K	S	M	C	S	R	I	E	O	M	U	E
O	C	D	P	Z	X	M	W	O	R	C	Q	N	L	F	O
Y	M	A	M	E	S	O	O	G	O	K	I	B	Q	T	R
E	A	G	L	E	N	A	W	S	T	E	R	B	I	T	L
H	E	R	O	N	K	G	R	O	G	N	I	M	A	L	F
R	U	V	M	N	A	C	U	O	T	C	X	H	G	L	H
A	X	H	N	N	O	E	G	I	P	A	P	C	C	U	I
R	F	J	V	X	P	E	G	W	N	C	S	I	F	G	K
J	J	A	D	L	M	O	G	G	S	P	A	R	R	O	W
H	P	P	O	U	Q	W	E	C	X	P	K	T	K	S	A
Y	W	Z	N	A	C	I	L	E	P	R	M	S	K	V	H
G	N	H	U	O	O	K	C	U	C	S	T	O	R	K	L
J	U	X	U	J	I	I	L	G	U	P	X	J	W	O	P
T	E	K	Y	U	J	T	O	A	Z	F	B	Y	J	T	U

OSTRICH
EAGLE
STORK
SWAN
CUCKOO
CROW
FLAMINGO
GOOSE
HERON
GULL
SPARROW
HAWK
EGG
PARROT
PIGEON
DUCK
PELICAN
PENGUIN
CHICKEN
TOUCAN

53 - Geografía

O	V	M	L	T	S	E	W	P	C	O	T	Q	A	A	Z
Z	J	L	F	N	A	I	D	I	R	E	M	J	L	L	S
B	U	J	O	E	R	E	H	P	S	I	M	E	H	T	E
R	M	W	C	N	U	K	Q	A	C	U	B	H	Z	I	F
V	E	T	U	I	G	I	D	M	A	H	E	N	G	T	B
A	U	G	Y	T	T	I	D	Z	R	P	T	K	K	U	X
W	L	X	I	N	C	Y	T	I	C	T	W	N	F	D	C
A	I	C	Y	O	B	B	M	U	B	E	Q	N	M	E	E
D	C	J	Z	C	N	X	M	E	D	U	T	I	T	A	L
I	A	E	S	Q	E	O	Y	P	T	E	T	A	F	J	W
S	T	S	O	U	T	H	R	R	F	N	I	T	A	H	Z
L	L	J	P	I	Q	G	T	I	F	G	Y	N	C	G	U
A	A	G	B	R	X	T	N	F	V	S	X	U	D	O	K
N	S	W	Z	D	B	T	U	N	Y	E	N	O	R	T	H
D	L	R	O	W	X	V	O	X	C	F	R	M	C	L	F
D	R	O	G	D	L	H	C	N	C	H	F	X	Y	V	Q

ALTITUDE
ATLAS
CITY
CONTINENT
HEMISPHERE
ISLAND
LATITUDE
LONGITUDE
MAP
SEA
MERIDIAN
MOUNTAIN
WORLD
NORTH
WEST
COUNTRY
REGION
RIVER
SOUTH

54 - Música

W	O	S	U	P	U	S	F	X	U	A	U	R	O	C	M
I	M	P	R	O	V	I	S	E	Y	I	L	D	F	L	G
F	Z	F	F	Y	V	Y	I	J	F	O	B	L	A	A	F
H	A	R	M	O	N	I	C	A	L	B	U	M	B	S	I
M	G	F	M	R	C	F	P	H	O	Q	S	H	A	S	N
O	D	G	M	F	X	J	R	I	X	R	I	R	L	I	S
W	P	G	X	R	R	H	Y	T	H	M	Q	P	L	C	T
M	D	E	T	E	M	P	O	S	I	N	G	O	A	A	R
V	U	R	R	U	U	V	M	U	R	P	N	E	D	L	U
H	C	S	A	A	T	Z	P	R	G	K	I	T	D	G	M
L	A	C	I	S	U	M	N	O	O	L	D	I	M	L	E
A	Q	R	X	C	E	N	O	H	P	O	R	C	I	M	N
C	E	K	M	X	I	N	C	C	F	I	O	G	Q	Y	T
O	I	B	Z	O	U	A	U	A	D	Z	C	F	R	W	M
V	N	D	V	I	N	A	N	E	Z	R	E	G	N	I	S
M	E	L	O	D	Y	Y	G	R	T	B	R	S	H	S	A

HARMONY
HARMONIC
ALBUM
BALLAD
SINGER
SING
CLASSICAL
CHORUS
RECORDING
IMPROVISE
INSTRUMENT
MELODY
MICROPHONE
MUSICAL
MUSICIAN
OPERA
POETIC
RHYTHM
TEMPO
VOCAL

55 - Enfermedad

L	D	P	A	B	E	X	M	Z	A	T	R	D	G	W	N
J	X	V	Q	O	R	S	K	I	M	A	A	Y	Y	E	M
R	R	F	Z	D	I	L	Q	P	C	U	B	R	T	A	B
U	J	P	D	Y	C	A	A	V	B	I	M	O	I	K	N
W	E	L	L	N	E	S	S	T	H	E	U	T	N	H	A
G	G	R	P	S	E	I	G	R	E	L	L	A	U	E	W
B	E	F	D	E	Z	J	P	A	H	D	V	R	M	D	S
C	K	N	E	S	D	U	U	E	V	V	S	I	M	Y	U
H	A	K	E	B	Q	U	L	H	L	P	S	P	I	V	O
R	O	B	U	T	H	J	M	K	P	K	B	S	Q	V	I
O	D	L	A	N	I	M	O	D	B	A	Y	E	L	S	G
N	E	H	O	B	O	C	N	C	R	S	C	R	D	P	A
I	N	J	N	O	I	T	A	M	M	A	L	F	N	I	T
C	Y	H	T	A	P	O	R	U	E	N	W	U	V	S	N
T	H	E	R	A	P	Y	Y	H	E	A	L	T	H	D	O
S	Y	N	D	R	O	M	E	R	X	X	U	M	R	W	C

ABDOMINAL
ALLERGIES
WELLNESS
CONTAGIOUS
HEART
CHRONIC
BODY
WEAK
GENETIC
BONES
INFLAMMATION
IMMUNITY
LUMBAR
NEUROPATHY
PULMONARY
RESPIRATORY
HEALTH
SYNDROME
THERAPY

56 - Actividades

U	B	I	W	R	E	A	D	I	N	G	O	G	T	O	P
G	A	R	D	E	N	I	N	G	N	I	T	N	U	H	H
T	C	X	Q	P	R	O	I	O	W	B	R	I	A	C	O
V	V	U	X	U	L	O	I	E	U	Z	A	T	I	E	T
O	E	G	N	I	W	E	S	T	E	S	Z	N	L	R	O
H	I	K	I	N	G	F	A	L	A	X	R	I	B	A	G
P	U	Z	Z	L	E	S	I	S	U	X	D	A	F	M	R
S	K	I	L	L	A	T	L	S	U	E	A	P	N	I	A
M	A	G	I	C	A	S	E	L	H	R	Y	L	B	C	P
Q	J	H	H	Y	F	E	I	C	Z	I	E	J	E	S	H
A	O	E	B	R	A	R	S	C	I	C	N	J	F	R	Y
G	A	M	E	S	U	E	U	X	H	J	B	G	A	J	H
G	L	R	D	K	H	T	R	C	R	A	F	T	S	T	B
S	C	W	B	R	K	N	E	M	R	E	H	G	P	A	H
S	F	K	D	Y	T	I	V	I	T	C	A	T	T	B	H
P	K	H	N	Y	P	Q	Y	P	K	H	U	Z	J	K	H

ACTIVITY
ART
CRAFTS
HUNTING
CERAMICS
SEWING
PHOTOGRAPHY
SKILL
INTERESTS
GARDENING

GAMES
READING
MAGIC
LEISURE
FISHING
PAINTING
PLEASURE
RELAXATION
PUZZLES
HIKING

57 - Instrumentos Musicales

V	O	B	L	H	P	X	C	N	B	I	P	X	T	U	Q
F	B	R	A	E	M	A	N	D	O	L	I	N	E	C	A
P	O	C	C	N	O	I	S	S	U	C	R	E	P	L	A
W	E	P	I	I	J	O	J	R	S	H	E	N	M	S	D
D	N	A	N	R	M	O	G	Y	X	W	V	O	U	J	J
O	O	P	O	U	A	H	Z	Z	M	B	V	B	R	F	P
D	H	I	M	O	A	U	V	P	P	P	N	M	T	J	V
R	P	Z	R	B	J	Q	U	I	T	C	P	O	V	O	Z
S	O	K	A	M	W	C	P	A	B	M	I	R	A	M	T
E	X	V	H	A	O	D	C	N	M	L	G	T	A	J	U
X	A	D	I	T	F	Q	E	O	D	F	L	U	T	E	C
I	S	A	C	O	E	V	L	A	Q	R	A	T	I	U	G
H	A	R	P	O	L	P	L	T	X	A	U	P	D	K	N
H	O	M	E	T	M	I	O	T	S	O	F	M	K	Z	O
Q	J	F	X	W	H	Q	N	O	O	S	S	A	B	V	G
C	O	U	G	P	Y	Z	N	C	L	A	R	I	N	E	T

HARMONICA
HARP
BANJO
CLARINET
BASSOON
FLUTE
GONG
GUITAR
MANDOLIN
MARIMBA
OBOE
TAMBOURINE
PERCUSSION
PIANO
SAXOPHONE
DRUM
TROMBONE
TRUMPET
VIOLIN
CELLO

58 - Formas

S	A	X	U	L	F	N	O	B	I	I	B	L	M	A	O
Q	M	R	E	D	N	I	L	Y	C	O	U	X	C	K	V
U	X	O	C	P	Y	R	A	M	I	D	T	E	K	F	A
A	T	R	I	A	N	G	L	E	C	O	R	N	E	R	L
R	K	I	E	L	G	N	A	T	C	E	R	Q	L	Y	H
E	L	C	R	I	C	K	V	K	V	H	P	Y	J	H	Y
Z	O	D	E	C	X	N	O	M	S	R	U	V	F	P	P
M	K	C	H	H	J	A	R	Z	S	U	H	F	D	I	E
C	T	H	P	O	L	Y	G	O	N	G	K	M	N	Y	R
K	U	N	S	R	N	Z	L	M	U	Z	H	X	V	P	B
E	S	R	C	U	T	X	I	U	Y	Z	V	A	W	C	O
U	I	N	V	O	H	H	N	M	Z	C	G	M	S	U	L
K	D	R	S	E	N	B	E	S	P	I	L	L	E	B	A
B	E	Z	O	S	A	E	Y	I	S	J	G	S	G	E	E
O	M	L	A	I	D	Z	P	R	H	Y	X	P	D	P	V
O	P	X	Y	B	O	P	L	P	Q	D	K	K	E	X	Y

ARC
EDGES
CYLINDER
CIRCLE
CONE
SQUARE
CUBE
CURVE
ELLIPSE
SPHERE
CORNER
HYPERBOLA
SIDE
LINE
OVAL
PYRAMID
POLYGON
PRISM
RECTANGLE
TRIANGLE

59 - Flores

I	S	U	S	C	O	L	V	W	L	T	P	K	V	L	J
K	Q	Z	D	G	A	I	N	E	D	R	A	G	Y	I	X
P	A	C	N	O	I	L	E	D	N	A	D	V	C	L	B
O	M	L	W	V	J	R	E	D	N	E	V	A	L	A	M
P	P	O	X	C	J	L	Z	N	G	H	B	T	V	C	P
P	T	V	I	Z	U	P	Q	G	D	I	D	Z	P	V	E
Y	J	E	O	B	M	R	O	S	E	U	M	R	O	G	T
G	A	R	Q	F	V	R	E	B	V	P	L	N	R	K	A
H	I	B	I	S	C	U	S	W	O	N	B	A	C	V	L
I	J	A	S	M	I	N	E	U	O	F	K	I	H	X	V
L	D	A	F	F	O	D	I	L	T	L	N	L	I	T	D
I	A	W	C	U	B	P	I	L	U	T	F	O	D	T	Z
L	D	D	U	D	Y	Y	E	C	F	N	I	N	Q	F	S
Y	S	I	A	D	H	O	G	O	C	Q	L	G	U	W	B
B	O	U	Q	U	E	T	X	U	N	I	G	A	X	S	R
D	C	Q	W	Y	O	Y	N	H	L	Y	E	M	H	K	G

POPPY
CALENDULA
DANDELION
GARDENIA
SUNFLOWER
HIBISCUS
JASMINE
LAVENDER
LILAC
LILY
MAGNOLIA
DAISY
DAFFODIL
ORCHID
PEONY
PETAL
BOUQUET
ROSE
CLOVER
TULIP

60 - Astronomía

D	U	E	T	I	L	L	E	T	A	S	W	Q	M	Z	T
I	G	L	C	G	A	L	A	X	Y	N	I	L	E	B	U
Z	P	G	C	L	A	S	T	E	R	O	I	D	T	Z	O
N	O	I	T	A	I	D	A	R	R	I	K	P	E	T	B
H	O	O	Z	V	Y	P	Q	Z	K	T	E	I	O	M	S
T	U	A	N	O	R	T	S	A	E	A	E	A	R	Z	E
M	U	X	O	N	I	U	Q	E	S	L	A	S	X	T	R
U	G	P	T	R	F	V	U	F	R	L	R	T	L	R	V
S	T	E	L	E	S	C	O	P	E	E	T	R	P	U	A
O	K	J	H	P	N	X	O	F	V	T	H	O	V	L	T
M	A	Y	V	U	H	A	J	Q	I	S	T	N	X	Z	O
S	O	O	M	S	Q	L	L	U	N	N	J	O	Q	R	R
O	X	F	W	M	Z	L	F	P	U	O	W	M	U	E	Y
C	R	O	C	K	E	T	J	P	N	C	R	E	W	I	I
H	U	G	W	P	T	I	M	O	O	N	H	R	V	P	H
B	C	A	A	Q	N	X	J	U	F	E	T	E	R	E	C

ASTEROID
ASTRONAUT
ASTRONOMER
SKY
ROCKET
CONSTELLATION
COSMOS
ECLIPSE
EQUINOX
GALAXY
MOON
METEOR
OBSERVATORY
PLANET
RADIATION
SATELLITE
SUPERNOVA
TELESCOPE
EARTH
UNIVERSE

61 - Paisajes

I	F	D	N	O	O	G	A	L	V	O	L	C	A	N	O
B	R	C	I	D	Y	E	L	L	A	V	J	H	R	U	X
L	W	L	A	R	R	V	I	A	R	D	N	U	T	N	X
E	Y	Z	T	Y	A	A	N	C	C	J	B	O	O	J	U
R	U	Q	N	W	U	C	B	E	E	I	J	S	M	C	S
W	L	F	U	Y	T	D	Q	X	K	B	E	A	O	Z	Y
D	L	I	O	X	S	M	G	P	A	H	E	R	C	V	A
Z	A	R	M	H	E	D	E	B	L	V	S	R	Z	D	B
H	F	K	H	C	Q	T	Y	H	X	B	J	H	G	E	P
D	R	O	A	A	L	U	S	N	I	N	E	P	E	K	K
N	E	P	T	E	S	X	E	S	V	M	M	S	B	I	M
A	T	S	F	B	K	J	R	S	R	W	U	T	X	D	F
L	A	I	E	W	H	A	Y	W	I	H	Y	D	L	U	E
S	W	S	P	R	H	S	D	A	V	P	L	P	N	D	I
I	T	A	E	S	T	E	M	M	E	L	M	C	K	E	F
S	V	O	G	V	P	F	G	P	R	S	R	G	C	Q	I

WATERFALL
CAVE
DESERT
ESTUARY
GEYSER
GLACIER
ICEBERG
ISLAND
LAKE
LAGOON

SEA
MOUNTAIN
OASIS
SWAMP
PENINSULA
BEACH
RIVER
TUNDRA
VALLEY
VOLCANO

62 - Días y Meses

E	T	W	E	D	N	E	S	D	A	Y	L	U	J	S	W
S	Y	U	Q	O	O	T	D	Y	L	O	Y	P	L	E	E
N	A	Q	E	B	J	P	I	Z	W	U	H	C	J	P	E
Y	D	T	Z	S	T	A	M	O	Z	T	E	H	B	T	K
J	S	S	U	N	D	A	P	R	I	L	M	G	S	E	R
L	R	U	U	R	Y	A	D	I	R	F	G	F	S	M	V
A	U	G	F	E	D	S	Y	R	A	U	N	A	J	B	B
G	H	U	R	B	A	A	V	C	D	O	D	L	T	E	Y
H	T	A	A	O	G	T	Y	A	D	N	U	S	T	R	V
V	I	G	A	T	D	D	R	C	A	L	E	N	D	A	R
F	Y	Z	V	C	C	O	A	I	T	C	S	J	Z	Y	I
E	E	Q	S	O	Y	T	U	Q	O	Z	D	X	U	U	A
Y	J	A	S	G	E	H	R	E	B	M	E	V	O	N	O
U	K	C	C	T	A	Z	B	M	O	N	D	A	Y	Q	E
G	B	A	B	N	R	E	E	E	R	C	P	U	Q	B	O
M	O	N	T	H	X	F	F	R	W	O	V	U	B	I	E

APRIL
AUGUST
YEAR
CALENDAR
SUNDAY
JANUARY
FEBRUARY
THURSDAY
JULY
JUNE
MONDAY
TUESDAY
MONTH
WEDNESDAY
NOVEMBER
OCTOBER
SATURDAY
WEEK
SEPTEMBER
FRIDAY

63 - Biología

A	O	S	K	R	P	O	Y	B	N	E	U	R	O	N	C
Y	B	Y	Y	T	E	P	B	K	P	B	S	D	D	O	H
S	C	K	T	N	P	P	G	U	M	X	I	M	P	I	R
O	S	J	S	G	A	I	T	G	P	M	S	R	D	T	O
S	W	B	C	M	R	P	N	I	E	T	O	R	P	U	M
W	E	N	D	Z	T	E	S	Y	L	J	I	Y	L	L	O
N	M	M	A	M	M	A	L	E	V	E	B	G	A	O	S
E	B	C	W	U	G	W	E	N	Z	Y	M	E	N	V	O
R	R	E	X	N	H	A	B	T	T	M	Y	P	T	E	M
V	Y	L	I	E	R	X	E	X	M	O	S	J	S	X	E
E	O	L	O	G	L	Z	F	V	E	T	Z	D	I	H	I
G	T	R	N	A	T	U	R	A	L	A	N	J	S	F	H
X	H	V	E	L	O	R	C	H	C	N	S	X	O	K	C
N	W	A	W	L	X	N	O	I	T	A	T	U	M	B	Z
R	H	H	M	O	B	A	C	T	E	R	I	A	S	O	C
Z	U	A	G	C	V	R	U	S	H	O	R	M	O	N	E

ANATOMY
BACTERIA
CELL
COLLAGEN
CHROMOSOME
EMBRYO
ENZYME
EVOLUTION
HORMONE
MAMMAL
MUTATION
NATURAL
NERVE
NEURON
OSMOSIS
PLANTS
PROTEIN
REPTILE
SYMBIOSIS
SYNAPSE

64 - Jardinería

Y	K	W	R	O	N	E	A	C	W	B	G	C	H	E	B
U	A	T	M	R	X	L	A	R	O	L	F	C	S	X	O
C	M	X	F	S	I	B	A	E	J	M	W	R	U	O	U
O	M	B	S	K	F	I	T	T	R	B	P	R	F	T	Q
N	W	T	Q	F	S	D	E	A	D	N	Q	O	P	I	U
T	Y	Q	T	D	L	E	G	W	H	C	Q	P	S	C	E
A	X	L	A	C	I	N	A	T	O	B	S	Q	R	T	T
I	G	A	O	F	O	M	I	S	L	Q	E	E	N	K	S
N	J	N	G	Q	S	O	L	P	N	G	E	K	S	P	B
E	S	O	H	A	A	I	O	E	O	G	D	G	R	C	L
R	T	S	D	Z	C	S	F	C	G	R	S	G	O	U	O
D	V	A	X	S	J	T	I	I	V	M	C	X	U	I	S
I	I	E	M	R	P	U	P	E	Z	J	W	H	O	L	S
R	J	S	C	I	M	R	X	S	K	M	K	Q	A	R	O
T	K	P	X	J	L	E	S	Y	S	J	P	N	S	R	M
D	V	R	B	H	T	C	L	E	A	F	Y	N	P	V	D

WATER
BOTANICAL
CLIMATE
EDIBLE
COMPOST
CONTAINER
SPECIES
SEASONAL
EXOTIC
BLOSSOM
FLORAL
FOLIAGE
LEAF
ORCHARD
MOISTURE
HOSE
BOUQUET
SEEDS
DIRT
SOIL

65 - Chocolate

K	X	X	Y	R	D	A	E	X	R	L	Z	A	J	W	V
U	P	A	C	D	E	N	X	M	G	E	A	R	O	M	A
S	W	J	Y	D	L	T	O	X	R	M	C	L	Q	Q	C
T	A	S	T	E	I	I	T	B	W	A	G	I	F	Q	O
F	A	N	I	T	C	O	I	I	J	R	B	G	P	A	C
N	N	M	L	I	I	X	C	S	B	A	J	I	Z	E	O
W	P	X	A	R	O	I	P	U	L	C	K	N	T	P	N
P	I	V	U	O	U	D	R	G	P	M	U	G	N	B	U
G	E	D	Q	V	S	A	O	A	C	A	C	R	F	O	T
N	R	A	H	A	R	N	V	R	M	X	A	E	S	G	E
G	H	L	N	F	K	T	A	E	D	P	L	D	C	F	T
S	U	Y	B	U	O	V	L	D	A	L	O	I	S	Q	O
D	L	N	U	F	T	Y	F	W	G	W	R	E	W	E	X
Z	R	E	W	C	O	S	K	O	T	C	I	N	E	Q	I
C	Y	B	L	Z	D	S	Z	P	E	E	E	T	E	C	P
B	U	V	A	J	P	Z	L	A	N	A	S	I	T	R	A

BITTER
ANTIOXIDANT
AROMA
ARTISANAL
SUGAR
PEANUTS
CACAO
QUALITY
CALORIES
CARAMEL
COCONUT
DELICIOUS
SWEET
EXOTIC
FAVORITE
TASTE
INGREDIENT
POWDER
RECIPE
FLAVOR

66 - Barbacoas

G	D	S	O	K	R	E	N	N	I	D	H	K	O	G	E
A	S	N	O	N	E	K	C	I	H	C	G	M	I	U	U
M	M	Y	G	I	P	R	R	C	W	C	W	H	Q	V	V
U	D	L	F	V	P	T	O	H	I	J	M	U	K	G	S
S	Q	D	E	E	E	N	V	I	S	P	S	L	U	E	A
I	L	V	K	S	P	M	K	L	E	A	W	Z	P	C	U
C	L	T	Q	F	U	K	L	D	M	Y	L	I	M	A	F
C	I	S	J	B	Q	C	I	R	A	K	L	A	U	F	B
O	T	E	P	T	W	P	T	E	G	L	I	M	D	V	P
X	I	O	N	I	O	N	S	N	V	Q	R	H	S	S	N
X	U	T	H	S	U	M	M	E	R	T	G	O	F	Q	C
Q	R	A	C	O	M	E	U	N	S	H	U	N	G	E	R
N	F	M	N	I	B	M	R	H	N	A	P	G	N	V	M
L	I	O	U	D	F	V	G	R	K	M	U	F	D	R	V
A	S	T	L	A	S	Q	V	B	S	X	G	C	W	O	G
V	E	G	E	T	A	B	L	E	S	Y	Z	M	E	O	T

LUNCH
HOT
ONIONS
DINNER
KNIVES
SALADS
FAMILY
FRUIT
HUNGER
GAMES
MUSIC
CHILDREN
GRILL
PEPPER
CHICKEN
SALT
SAUCE
TOMATOES
SUMMER
VEGETABLES

67 - Ropa

A	B	U	B	C	B	Y	P	R	O	W	K	S	O	C	J
Q	E	L	R	U	U	D	T	A	G	A	X	W	P	M	H
M	S	T	A	O	C	J	V	V	A	J	V	E	G	R	B
M	H	A	C	D	K	B	L	O	U	S	E	A	Y	D	N
O	O	H	E	R	I	Q	R	V	B	D	E	T	N	C	N
Q	E	J	L	E	S	E	V	O	L	G	D	E	U	D	G
U	U	N	E	S	A	N	T	R	I	K	S	R	B	O	D
O	C	C	T	S	N	F	E	J	E	W	E	L	R	Y	L
A	Z	B	L	I	D	A	K	C	P	A	J	A	M	A	S
Y	P	C	E	P	A	S	C	S	K	S	H	I	R	T	G
L	U	R	B	D	L	H	A	P	C	L	X	Q	P	Q	Z
C	Y	X	O	E	S	I	J	A	F	A	A	W	S	G	R
X	P	B	T	N	A	O	X	N	H	U	R	C	Y	U	V
W	C	U	I	C	Y	N	T	T	A	J	J	F	E	Z	I
M	C	Q	I	M	B	G	G	S	D	D	O	Q	P	N	I
T	C	Q	V	N	U	I	E	J	P	T	H	T	X	S	X

COAT
BLOUSE
SCARF
SHIRT
JACKET
BELT
NECKLACE
APRON
SKIRT
GLOVES
JEWELRY
FASHION
PANTS
PAJAMAS
BRACELET
SANDALS
HAT
SWEATER
DRESS
SHOE

68 - Meditación

V	E	G	A	I	E	T	H	O	U	G	H	T	S	C	S
K	U	E	V	I	T	C	E	P	S	R	E	P	L	O	I
O	B	X	H	N	J	V	L	R	W	J	C	H	N	M	L
W	B	K	A	Q	C	L	Y	K	R	D	N	I	M	P	E
B	Y	S	F	M	V	P	Y	T	I	R	A	L	C	A	N
M	C	R	E	R	U	T	S	O	P	X	T	I	H	S	C
H	O	Z	C	R	U	B	J	P	A	C	P	J	Q	S	E
M	W	V	W	U	V	K	I	N	D	N	E	S	S	I	D
G	R	Z	E	M	L	A	C	D	J	Y	C	C	A	O	O
E	W	C	R	M	L	A	T	N	E	M	C	R	A	N	T
M	U	S	I	C	E	G	N	I	H	T	A	E	R	B	H
A	D	Z	B	B	V	N	C	V	O	Y	O	O	C	W	Q
F	N	O	I	T	N	E	T	T	A	N	Q	J	F	J	M
G	R	A	T	I	T	U	D	E	C	A	E	P	G	U	L
D	C	N	A	T	U	R	E	E	M	O	T	I	O	N	S
V	O	O	K	Z	B	Z	X	H	U	B	W	G	L	L	D

ACCEPTANCE
ATTENTION
KINDNESS
CALM
CLARITY
COMPASSION
EMOTIONS
GRATITUDE
MENTAL
MIND
MOVEMENT
MUSIC
NATURE
OBSERVATION
PEACE
THOUGHTS
PERSPECTIVE
POSTURE
BREATHING
SILENCE

69 - Café

B	M	I	L	K	C	Q	C	J	T	P	O	G	M	H	S
F	I	F	S	D	B	R	F	I	L	T	E	R	Q	W	O
L	R	T	K	V	Q	L	E	G	A	R	E	V	E	B	R
A	O	X	T	N	F	L	A	A	S	U	E	X	U	K	I
V	A	Z	O	E	C	U	P	C	M	I	P	G	M	M	G
O	S	D	N	I	R	G	C	Z	K	F	I	R	Q	O	I
R	T	I	S	U	G	A	R	A	C	I	D	I	C	R	N
L	E	U	Z	Z	R	Z	Z	T	P	V	I	K	J	N	K
U	D	Q	W	M	L	G	J	B	R	A	C	E	T	I	R
P	P	I	R	O	F	E	P	Q	I	R	D	G	H	N	D
O	U	L	W	A	T	E	R	K	C	I	B	Q	R	G	C
M	A	J	F	A	R	O	M	A	E	E	L	H	Q	I	F
Z	X	Z	E	M	S	T	T	J	U	T	I	C	X	G	T
W	A	I	N	G	R	H	S	O	U	Y	F	R	D	W	F
C	A	F	F	E	I	N	E	L	U	W	Q	J	R	M	F
E	W	G	E	B	R	Q	J	A	G	P	Q	T	X	Y	D

WATER
BITTER
AROMA
ROASTED
SUGAR
ACIDIC
BEVERAGE
CAFFEINE
CREAM
FILTER
MILK
LIQUID
MORNING
GRIND
BLACK
ORIGIN
PRICE
FLAVOR
CUP
VARIETY

70 - Libros

H	A	J	W	K	P	F	W	G	S	Y	B	T	F	L	I
F	G	U	M	I	O	W	R	O	T	A	R	R	A	N	N
H	Z	L	T	X	E	S	I	F	F	B	E	I	E	A	V
D	U	B	Z	H	M	E	T	X	E	T	N	O	C	D	E
U	S	M	W	N	O	I	T	C	E	L	L	O	C	V	N
A	C	V	O	P	X	R	E	D	A	E	R	R	I	E	T
L	X	E	Z	R	E	E	N	Q	Y	X	L	E	G	N	I
I	J	U	K	R	O	S	I	S	H	C	G	T	A	T	V
T	S	O	E	H	E	U	S	T	O	R	Y	U	R	U	E
Y	I	V	L	T	B	L	S	S	R	A	R	V	T	R	I
K	A	B	Q	Q	N	E	E	R	B	K	T	O	E	E	L
D	Z	D	N	P	F	V	K	V	L	Y	E	E	H	C	V
L	X	O	K	E	J	O	Z	R	A	B	O	U	C	P	T
M	W	B	Z	P	P	N	F	W	E	N	P	Y	D	D	D
H	I	S	T	O	R	I	C	A	L	T	T	P	T	H	T
P	A	G	E	C	L	I	T	E	R	A	R	Y	Q	B	G

AUTHOR
ADVENTURE
COLLECTION
CONTEXT
DUALITY
WRITTEN
STORY
HISTORICAL
HUMOROUS
INVENTIVE
READER
LITERARY
NARRATOR
NOVEL
PAGE
RELEVANT
POEM
POETRY
SERIES
TRAGIC

71 - Nutrición

N	S	M	O	N	Q	L	Y	N	H	R	W	Q	H	D	E
V	U	N	J	N	X	C	N	Z	H	E	R	F	O	P	R
I	E	T	I	T	E	P	P	A	E	T	A	J	O	O	E
T	F	Y	R	M	K	Q	N	S	Y	T	I	L	A	U	Q
A	L	N	L	I	T	Q	E	L	B	I	D	E	T	Y	H
M	A	J	I	F	E	B	W	A	C	B	N	O	J	H	W
I	V	Y	O	V	R	N	C	E	N	I	U	J	W	T	H
N	O	S	Y	T	V	U	T	R	I	L	E	D	M	L	G
A	R	B	Q	X	B	H	Q	E	X	G	J	J	L	A	M
Z	S	E	I	R	O	L	A	C	O	J	H	C	V	E	Q
V	G	O	V	D	N	G	X	M	T	T	D	T	N	H	Q
C	A	R	B	O	H	Y	D	R	A	T	E	S	H	I	U
G	N	F	E	R	M	E	N	T	A	T	I	O	N	W	C
I	B	Q	N	S	U	P	R	O	T	E	I	N	S	J	N
D	I	G	E	S	T	I	O	N	B	I	S	A	U	C	E
B	A	L	A	N	C	E	D	L	N	D	R	A	Z	D	X

BITTER
APPETITE
QUALITY
CALORIES
CARBOHYDRATES
CEREALS
EDIBLE
DIET
DIGESTION
BALANCED
FERMENTATION
NUTRIENT
WEIGHT
PROTEINS
FLAVOR
SAUCE
HEALTH
HEALTHY
TOXIN
VITAMIN

72 - Edificios

M	H	C	O	L	A	T	I	P	S	O	H	W	E	F	A
C	O	T	B	Q	A	B	Q	M	P	X	M	D	J	I	P
I	T	Y	S	S	A	B	M	E	N	M	A	P	A	S	K
N	E	A	E	F	A	J	O	G	O	T	G	O	Q	B	E
E	L	P	R	A	T	E	K	R	A	M	R	E	P	U	S
M	E	T	V	R	A	G	L	Z	A	D	E	M	U	T	M
A	T	F	A	M	I	P	M	T	K	T	W	B	Q	H	U
E	S	E	T	I	O	I	A	J	C	X	O	D	F	E	S
A	O	L	O	L	K	E	M	R	E	G	T	R	D	A	E
Y	H	T	R	P	L	Q	O	R	T	P	L	E	Y	T	U
B	X	S	Y	R	O	T	C	A	F	M	B	K	D	E	M
S	T	A	D	I	U	M	X	T	I	C	E	T	A	R	V
B	S	C	H	O	O	L	B	H	R	D	H	N	L	M	S
G	A	G	A	R	A	G	E	I	D	V	Z	Q	T	H	U
A	Q	R	U	N	I	V	E	R	S	I	T	Y	O	N	U
Q	R	J	N	N	L	L	U	E	W	T	F	N	Z	C	U

HOSTEL
APARTMENT
CASTLE
CINEMA
EMBASSY
SCHOOL
STADIUM
FACTORY
GARAGE
BARN
FARM
HOSPITAL
HOTEL
LABORATORY
MUSEUM
OBSERVATORY
SUPERMARKET
THEATER
TOWER
UNIVERSITY

73 - Océano

Q	S	M	A	M	S	B	T	T	V	K	V	R	R	A	Y
A	K	P	N	M	N	K	Q	U	X	C	R	F	D	Z	M
S	K	Y	R	R	H	E	C	D	V	L	R	H	P	O	H
D	X	W	U	P	Q	T	J	K	W	V	I	A	A	Y	R
O	C	T	O	P	U	S	M	D	J	F	H	Y	V	S	P
Q	L	I	L	K	U	Q	R	T	E	L	A	H	W	T	R
R	E	E	F	I	H	S	M	X	L	E	E	W	U	E	T
D	J	G	K	E	I	H	B	S	L	L	L	M	A	R	I
X	O	V	N	L	J	A	O	T	Y	T	I	E	A	P	S
S	S	B	G	O	P	R	A	O	F	R	A	L	G	A	E
S	H	A	G	N	P	K	T	R	I	U	N	A	R	S	D
X	S	R	L	M	J	S	C	M	S	T	U	R	Y	G	I
V	I	C	I	T	U	Y	O	Y	H	S	T	O	M	D	T
J	F	P	T	M	B	C	F	L	Z	R	J	C	V	M	Q
L	I	A	B	N	P	T	F	P	F	M	F	F	E	Y	Q
Q	W	F	H	K	J	D	O	L	P	H	I	N	X	J	Z

ALGAE
EEL
REEF
TUNA
WHALE
BOAT
SHRIMP
CRAB
CORAL
DOLPHIN
SPONGE
TIDES
JELLYFISH
OYSTER
FISH
OCTOPUS
SALT
SHARK
STORM
TURTLE

74 - Agronomía

D	P	Y	G	R	E	N	E	G	U	P	V	W	I	F	O
E	L	A	R	T	A	O	R	S	C	I	N	A	G	R	O
C	A	D	O	H	W	I	O	S	Y	D	U	T	S	G	N
O	N	I	W	S	I	T	S	I	N	S	D	E	E	S	Q
L	T	R	T	E	Z	U	I	E	U	J	T	R	N	X	P
O	S	S	H	L	B	L	O	Q	O	V	H	E	V	Z	R
G	E	S	U	B	O	L	N	X	Y	M	U	P	M	O	O
Y	S	R	A	A	H	O	S	C	I	E	N	C	E	S	D
F	A	W	N	T	O	P	B	L	F	K	W	X	Q	C	U
C	E	X	V	E	R	U	T	L	U	C	I	R	G	A	C
O	S	O	X	G	U	E	E	X	M	I	K	R	P	E	T
T	I	S	T	E	R	Q	F	J	V	H	K	D	H	Z	I
L	D	A	S	V	A	E	V	Q	Q	S	Q	W	D	N	O
M	E	Z	I	E	L	B	A	N	I	A	T	S	U	S	N
E	N	V	I	R	O	N	M	E	N	T	B	D	R	A	G
F	E	R	T	I	L	I	Z	E	R	T	Y	O	X	P	B

AGRICULTURE
WATER
SCIENCE
POLLUTION
GROWTH
ECOLOGY
ENERGY
DISEASES
EROSION
STUDY
FERTILIZER
ENVIRONMENT
ORGANIC
PLANTS
PRODUCTION
RURAL
SEEDS
SYSTEMS
SUSTAINABLE
VEGETABLES

75 - Deporte

M	A	Y	A	E	C	N	A	R	U	D	N	E	I	D	C
E	T	L	C	N	N	Z	A	Q	V	I	K	K	Z	A	Y
T	H	T	G	N	E	R	T	S	Q	E	I	P	F	N	C
A	L	D	G	S	B	J	E	M	B	T	K	U	M	C	L
B	E	H	T	A	E	R	B	O	T	O	P	F	U	I	I
O	T	T	T	Q	Z	E	N	I	P	H	D	M	S	N	N
L	E	L	W	H	I	Y	F	G	A	F	N	Y	C	G	G
I	N	A	E	S	M	A	C	K	N	U	W	E	L	J	L
C	O	E	C	E	I	O	B	H	W	D	W	B	E	B	D
J	I	H	P	Z	X	B	S	I	R	M	F	O	S	J	C
H	T	H	B	I	A	M	G	O	L	X	C	N	T	S	N
A	I	A	N	W	M	K	F	C	Y	I	R	E	R	Z	F
P	R	O	G	R	A	M	Q	T	O	T	T	S	O	H	W
O	T	T	O	S	W	I	M	R	Z	A	S	Y	P	W	E
W	U	U	I	X	R	U	X	S	V	O	C	M	S	Q	I
Z	N	S	T	R	E	T	C	H	I	N	G	H	P	Y	S

ATHLETE
DANCING
ABILITY
CYCLING
BODY
SPORTS
DIET
COACH
STRETCHING
STRENGTH
BONES
MAXIMIZE
METABOLIC
MUSCLES
TO SWIM
NUTRITION
PROGRAM
ENDURANCE
TO BREATHE
HEALTH

76 - Actividades y Ocio

C	R	Y	S	R	E	N	S	C	A	F	J	O	T	Y	W
D	Y	D	R	E	M	L	K	W	G	T	T	X	R	T	N
P	Q	A	Z	L	N	U	M	C	I	S	R	E	A	E	C
Z	Z	Q	X	A	W	A	P	V	C	M	H	P	V	N	H
D	U	K	G	X	P	N	Q	H	Q	H	M	Y	E	N	M
C	R	S	G	I	O	G	B	M	X	L	Y	I	L	I	P
B	D	N	G	N	I	P	M	A	C	U	D	S	N	S	A
A	R	T	R	G	I	B	A	S	E	B	A	L	L	G	I
S	D	W	A	N	I	H	W	S	I	C	P	K	E	M	N
H	U	B	C	I	B	A	S	K	E	T	B	A	L	L	T
O	S	L	I	K	O	N	T	I	T	S	F	F	N	B	I
P	E	G	N	I	F	R	U	S	F	L	O	G	I	E	N
P	Y	C	G	H	B	O	X	I	N	G	D	C	V	A	G
I	V	O	L	L	E	Y	B	A	L	L	U	H	C	P	O
N	A	X	M	S	A	W	D	F	Y	M	H	L	E	E	R
G	N	I	N	E	D	R	A	G	N	I	V	I	D	A	R

ART
BASKETBALL
BASEBALL
BOXING
DIVING
CAMPING
RACING
SHOPPING
SOCCER
GOLF
GARDENING
SWIMMING
FISHING
PAINTING
RELAXING
HIKING
SURFING
TENNIS
TRAVEL
VOLLEYBALL

77 - Ingeniería

V	D	L	I	O	M	K	N	I	Q	O	E	U	I	N	C
P	D	W	N	F	E	K	S	Q	S	V	K	C	V	U	A
A	B	T	C	M	A	U	Q	F	A	U	Z	J	Y	D	L
A	H	H	O	O	S	I	X	A	E	P	P	D	G	H	C
D	N	T	Z	T	U	S	T	R	U	C	T	U	R	E	U
I	O	G	L	O	R	V	O	R	M	O	U	S	E	U	L
A	I	N	L	R	E	K	P	H	W	A	V	D	N	B	A
G	T	E	V	E	M	D	E	P	T	H	C	H	E	H	T
R	U	R	A	S	E	V	M	U	Z	G	R	H	P	B	I
A	B	T	W	D	N	O	I	T	C	I	R	F	I	R	O
M	I	S	D	Y	T	I	L	I	B	A	T	S	F	N	N
N	R	N	O	I	T	C	U	R	T	S	N	O	C	F	E
N	T	S	E	I	E	R	D	I	A	M	E	T	E	R	A
P	S	Z	P	B	B	S	L	E	V	E	R	S	R	Z	R
Z	I	T	U	U	P	G	E	C	F	Q	B	X	E	B	R
J	D	L	I	Q	U	I	D	L	F	X	A	K	J	I	Q

ANGLE
CALCULATION
CONSTRUCTION
DIAGRAM
DIAMETER
DIESEL
DISTRIBUTION
AXIS
ENERGY
STABILITY
STRUCTURE
FRICTION
STRENGTH
LIQUID
MACHINE
MEASUREMENT
MOTOR
LEVERS
DEPTH

78 - Comida #1

T	B	S	Z	T	S	Y	W	B	A	B	U	U	Z	F	R
I	M	I	S	E	T	O	R	R	A	C	P	O	B	R	H
C	W	B	O	Z	R	G	F	E	L	R	R	T	I	G	D
W	S	J	F	A	A	N	B	O	E	T	L	A	S	M	X
S	W	B	O	H	W	H	T	Z	M	B	S	E	R	G	D
Y	C	F	E	D	B	R	F	U	O	Y	Q	U	Y	D	C
T	Z	T	A	E	E	W	B	R	N	V	Q	D	G	R	I
U	D	S	Q	C	R	F	A	K	J	S	H	L	S	A	L
N	O	I	N	O	R	E	S	Y	B	I	U	F	O	E	R
A	A	J	U	R	Y	K	I	H	O	K	I	H	U	P	A
C	U	F	V	Y	W	K	L	I	M	Y	S	C	P	I	G
W	A	O	T	M	N	S	S	O	N	A	E	A	W	I	F
R	I	T	W	E	C	I	U	J	R	Q	H	N	L	C	W
B	G	E	G	A	X	I	M	L	N	T	N	I	M	A	M
C	T	I	D	T	T	U	R	N	I	P	K	P	G	D	D
C	I	N	N	A	M	O	N	G	J	Z	F	S	R	X	J

GARLIC
BASIL
TUNA
SUGAR
CINNAMON
MEAT
BARLEY
ONION
SALAD
SPINACH
STRAWBERRY
JUICE
MILK
LEMON
MINT
TURNIP
PEAR
SALT
SOUP
CARROT

79 - Antigüedades

W	O	I	F	L	V	V	G	G	V	E	S	V	P	O	U
L	Y	R	L	E	W	E	J	N	V	L	C	A	P	I	X
A	R	T	D	E	C	A	D	E	S	E	U	L	M	N	P
D	U	Y	Z	C	I	D	L	N	N	G	L	U	L	V	P
F	T	B	S	I	T	Q	O	C	I	A	P	E	A	E	Z
V	N	E	T	R	N	D	U	L	O	N	T	H	U	S	I
A	E	T	Y	P	E	L	E	A	C	T	U	J	C	T	H
A	C	N	L	Q	H	R	T	C	L	C	R	Z	T	M	A
K	E	A	E	O	T	O	U	Y	O	I	E	D	I	E	Y
I	X	C	J	E	U	J	T	T	S	R	T	H	O	N	Z
E	Y	M	S	V	A	T	B	P	I	W	A	Y	N	T	P
R	E	S	T	O	R	A	T	I	O	N	J	T	A	T	C
G	A	L	L	E	R	Y	Y	M	T	O	R	I	I	H	M
U	N	U	S	U	A	L	P	D	L	J	Y	U	E	V	L
Z	H	V	B	O	K	B	N	Y	R	T	V	Z	F	G	E
M	A	Y	I	I	J	X	Y	P	B	E	J	L	Y	H	C

ART
AUTHENTIC
QUALITY
DECORATIVE
DECADES
ELEGANT
SCULPTURE
STYLE
GALLERY
UNUSUAL
INVESTMENT
JEWELRY
COINS
FURNITURE
PRICE
RESTORATION
CENTURY
AUCTION
VALUE
OLD

80 - Literatura

Z	T	I	N	O	Y	T	R	P	K	A	L	A	S	C	R
G	H	O	P	S	N	R	D	B	R	V	Z	Z	T	O	P
C	E	Z	I	P	O	E	T	I	C	A	S	U	P	N	U
F	M	N	A	R	R	A	T	O	R	G	J	N	U	C	K
A	E	K	Q	Z	S	T	Y	L	E	M	Y	H	R	L	R
B	N	O	R	O	E	U	G	O	L	A	I	D	X	U	H
I	T	A	A	C	E	T	O	D	C	E	N	A	C	S	Y
O	R	U	L	P	N	F	L	O	F	B	V	G	J	I	T
G	A	N	L	Y	Y	U	A	L	V	N	Y	O	V	O	H
R	G	L	R	T	S	J	N	C	S	H	I	F	N	N	M
A	E	H	U	I	R	I	A	M	E	T	A	P	H	O	R
P	D	I	V	Z	B	P	S	T	E	W	V	J	L	N	O
H	Y	N	L	A	Z	E	M	Y	M	O	D	U	P	O	H
Y	C	O	M	P	A	R	I	S	O	N	P	Z	W	K	T
I	J	D	E	S	C	R	I	P	T	I	O	N	Z	A	U
F	I	C	T	I	O	N	K	D	H	K	O	F	W	I	A

ANALOGY
ANALYSIS
ANECDOTE
AUTHOR
BIOGRAPHY
COMPARISON
CONCLUSION
DESCRIPTION
DIALOGUE
STYLE
FICTION
METAPHOR
NARRATOR
NOVEL
POEM
POETIC
RHYME
RHYTHM
THEME
TRAGEDY

81 - Química

M	E	T	A	L	S	Z	D	W	V	P	W	D	N	C	Z
E	N	Z	Y	M	E	N	I	R	O	L	H	C	U	A	U
L	V	A	A	H	Z	V	U	U	G	Z	Q	C	C	T	J
U	F	C	T	X	A	R	Q	K	W	H	B	B	L	A	C
C	G	I	V	L	W	W	I	D	G	E	F	P	E	L	A
E	S	D	H	B	P	F	L	U	G	R	I	J	A	Y	R
L	A	A	H	L	U	H	E	N	M	O	L	G	R	S	B
O	G	N	L	A	L	K	A	L	I	N	E	K	H	T	O
M	H	W	M	T	H	Y	D	R	O	G	E	N	I	T	N
E	G	E	F	S	A	E	L	E	C	T	R	O	N	O	O
P	Q	R	A	E	T	H	S	O	R	T	A	I	G	X	I
A	Z	O	P	T	K	L	L	Y	I	F	F	G	B	Y	T
O	T	E	M	P	E	R	A	T	U	R	E	Q	A	G	C
M	R	O	J	G	G	Y	E	V	T	N	A	H	L	E	A
G	H	L	Z	L	Z	N	M	D	O	K	U	H	W	N	E
B	X	W	I	W	C	G	J	I	A	J	G	N	E	Q	R

ALKALINE
ACID
HEAT
CARBON
CATALYST
CHLORINE
ELECTRON
ENZYME
GAS
HYDROGEN
ION
LIQUID
METALS
MOLECULE
NUCLEAR
OXYGEN
WEIGHT
REACTION
SALT
TEMPERATURE

82 - Gobierno

I	N	D	E	P	E	N	D	E	N	C	E	H	H	P	N
D	C	P	L	E	Y	Y	C	A	R	C	O	M	E	D	A
I	L	I	V	I	Z	T	O	E	D	G	A	C	R	K	T
S	I	H	V	W	P	I	N	W	T	A	G	U	T	G	I
C	B	S	S	I	P	L	S	C	I	T	I	L	O	P	O
U	E	N	U	S	L	A	T	N	E	M	U	N	O	M	N
S	R	E	E	E	A	U	I	D	J	X	G	U	S	Q	A
S	T	Z	T	O	I	Q	T	W	I	P	B	O	A	O	L
I	Y	I	N	P	C	E	U	K	R	S	B	T	P	T	O
O	T	T	W	C	I	Z	T	S	W	F	T	U	Q	Q	B
N	W	I	J	D	D	N	I	J	G	K	H	R	N	G	M
N	J	C	D	W	U	A	O	K	U	B	E	D	I	I	Y
V	R	F	K	D	J	T	N	L	E	A	D	E	R	C	S
S	T	A	T	E	I	I	L	S	P	E	E	C	H	D	T
M	L	P	N	L	E	O	F	A	J	U	S	T	I	C	E
C	C	A	Y	G	O	N	J	S	W	V	H	B	T	D	A

CITIZENSHIP
CIVIL
CONSTITUTION
DEMOCRACY
SPEECH
DISCUSSION
DISTRICT
STATE
EQUALITY
INDEPENDENCE

JUDICIAL
JUSTICE
LAW
LIBERTY
LEADER
MONUMENT
NATIONAL
NATION
POLITICS
SYMBOL

83 - Creatividad

A	W	X	E	C	E	M	O	T	I	O	N	S	V	T	F
J	X	N	L	L	K	D	S	Q	Z	I	P	A	I	Q	H
N	M	E	G	A	M	I	R	J	C	W	P	E	T	F	K
O	L	K	H	R	C	O	C	A	C	G	A	D	A	K	I
I	S	N	O	I	S	I	V	F	M	C	M	I	L	A	M
T	N	V	E	T	W	G	W	L	A	A	O	N	I	U	P
A	O	V	P	Y	Y	W	R	U	R	M	T	O	T	T	R
N	I	T	E	W	F	K	V	I	T	T	F	I	Y	H	E
I	S	O	C	N	H	D	J	D	I	L	I	T	C	E	S
G	S	S	T	O	T	O	H	I	S	Q	X	A	Z	N	S
A	E	A	B	V	V	I	N	T	T	L	S	S	F	T	I
M	R	J	T	G	S	H	V	Y	I	Y	K	N	K	I	O
I	P	K	U	G	B	S	S	E	C	A	I	E	U	C	N
E	X	I	N	T	E	N	S	I	T	Y	L	S	R	I	G
T	E	I	N	T	U	I	T	I	O	N	L	M	H	T	G
I	N	S	P	I	R	A	T	I	O	N	S	R	I	Y	E

ARTISTIC
AUTHENTICITY
CLARITY
DRAMATIC
EMOTIONS
EXPRESSION
FLUIDITY
SKILL
IDEAS
IMAGE
IMAGINATION
IMPRESSION
INSPIRATION
INTENSITY
INTUITION
INVENTIVE
SENSATION
VISIONS
VITALITY

84 - Filantropía

L	B	E	P	G	E	N	E	R	O	S	I	T	Y	C	Y
G	N	E	R	D	L	I	H	C	I	U	X	I	C	V	O
O	I	L	O	X	K	B	J	W	C	D	R	Y	P	L	U
A	P	Y	G	D	Y	Z	C	G	X	F	U	N	D	S	T
L	X	H	R	C	H	A	R	I	T	Y	Z	H	U	B	H
S	A	I	A	U	N	D	X	L	Y	T	S	E	N	O	H
O	Z	E	M	B	C	Z	E	J	T	K	W	Q	V	H	C
K	U	X	S	L	M	Z	V	B	I	D	X	M	M	L	O
H	I	S	T	O	R	Y	T	I	N	A	M	U	H	U	N
W	N	G	R	O	U	P	S	A	U	O	W	P	H	R	T
J	E	T	A	N	O	D	G	N	M	M	I	C	V	S	A
N	E	L	A	B	O	L	G	X	M	O	Q	S	E	E	C
A	D	F	P	I	P	Y	Q	V	O	W	I	N	S	K	T
N	X	W	R	O	I	J	G	C	C	O	P	H	Q	I	S
T	Z	R	W	P	E	F	I	N	A	N	C	E	I	P	M
G	P	G	G	L	R	P	P	U	B	L	I	C	P	L	Y

CHARITY
COMMUNITY
CONTACTS
DONATE
FINANCE
FUNDS
GENEROSITY
PEOPLE
GLOBAL
GROUPS
HISTORY
HONESTY
HUMANITY
YOUTH
GOALS
MISSION
NEED
CHILDREN
PROGRAMS
PUBLIC

85 - Comida #2

W	E	B	H	E	X	O	P	P	J	O	A	C	C	H	E
S	Y	R	R	E	H	C	T	Q	I	X	L	H	S	E	W
K	I	W	I	E	K	Y	H	G	K	F	M	O	E	R	L
F	N	H	R	F	A	Z	F	E	R	G	O	C	R	T	Z
M	P	K	D	X	Z	D	J	Y	E	C	N	O	Z	X	I
O	C	O	T	O	M	A	T	O	G	S	D	L	N	M	C
P	H	T	R	G	C	N	C	D	N	Y	E	A	D	S	T
G	R	A	P	E	E	A	X	L	I	O	C	T	C	L	N
I	A	E	F	J	G	N	C	N	G	H	I	E	M	W	Y
B	C	H	D	U	G	A	P	H	N	T	R	U	G	O	Y
O	S	W	N	X	W	B	E	K	I	O	A	R	C	V	A
A	R	T	I	C	H	O	K	E	O	C	D	X	Y	J	P
S	U	N	F	L	O	W	E	R	F	H	K	Q	Y	W	P
C	O	A	N	D	T	N	A	L	P	G	G	E	U	R	L
Y	H	W	P	U	K	R	D	D	G	Y	U	Q	N	F	E
Q	C	E	L	E	R	Y	C	E	N	B	W	V	C	Q	E

ARTICHOKE
ALMOND
CELERY
RICE
EGGPLANT
CHERRY
CHOCOLATE
SUNFLOWER
EGG
GINGER
KIWI
APPLE
BREAD
BANANA
CHICKEN
CHEESE
TOMATO
WHEAT
GRAPE
YOGURT

86 - Arte

C	Y	B	V	F	N	A	P	B	Z	O	Q	P	V	H	R
P	O	E	T	R	Y	C	E	R	U	T	P	L	U	C	S
P	M	S	I	L	A	E	R	R	U	S	C	A	O	V	S
V	O	K	K	T	B	T	S	A	J	O	O	N	R	I	Y
H	S	R	S	S	J	A	O	E	L	P	M	I	S	S	N
H	N	W	T	M	Z	E	N	B	X	V	P	G	G	U	A
F	O	X	G	R	O	R	A	A	M	L	O	I	N	A	F
J	I	X	F	N	A	C	L	L	V	Q	S	R	I	L	C
C	S	G	B	V	M	Y	D	K	X	K	I	O	T	D	S
E	S	U	U	H	O	N	E	S	T	C	T	M	N	D	Y
R	E	I	A	R	C	D	R	I	O	O	I	B	I	D	M
A	R	M	L	H	E	D	I	W	Z	M	O	G	A	F	B
M	P	V	O	H	V	X	P	U	M	P	N	H	P	W	O
I	X	P	Y	O	I	X	S	O	B	L	P	Q	D	G	L
C	E	L	K	L	D	G	N	T	T	E	M	T	V	T	O
S	U	B	J	E	C	T	I	X	S	X	H	R	D	W	M

CERAMIC
COMPLEX
COMPOSITION
CREATE
SCULPTURE
EXPRESSION
FIGURE
HONEST
MOOD
INSPIRED
ORIGINAL
PERSONAL
PAINTINGS
POETRY
PORTRAY
SIMPLE
SYMBOL
SURREALISM
SUBJECT
VISUAL

87 - Diplomacia

A	D	V	I	S	E	R	D	S	T	H	R	J	I	Q	D
T	R	E	A	T	Y	Y	T	I	R	G	E	T	N	I	I
V	T	B	Q	W	Z	W	W	S	G	D	S	B	O	H	S
C	N	N	O	I	T	A	R	E	P	O	O	C	I	U	C
M	P	H	G	U	R	L	Y	G	B	G	L	A	T	M	U
P	O	L	I	T	I	C	S	A	C	O	U	M	U	A	S
J	E	S	J	E	M	H	S	U	O	V	T	B	L	N	S
F	U	T	E	P	H	H	A	G	N	E	I	A	O	I	I
N	X	S	H	C	H	C	B	N	F	R	O	S	S	T	O
T	M	N	T	I	U	W	M	A	L	N	N	S	N	A	N
O	D	B	N	I	C	R	E	L	I	M	G	A	V	R	J
D	I	P	Q	E	C	S	I	G	C	E	I	D	U	I	J
W	U	V	V	C	X	E	O	T	T	N	E	O	O	A	S
E	R	E	O	K	A	O	J	B	Y	T	R	R	Q	N	E
D	K	B	V	Y	T	I	N	U	M	M	O	C	S	R	Z
D	I	P	L	O	M	A	T	I	C	X	F	R	F	F	S

ADVISER
COMMUNITY
CONFLICT
COOPERATION
DIPLOMATIC
DISCUSSION
EMBASSY
AMBASSADOR
FOREIGN
ETHICS
GOVERNMENT
HUMANITARIAN
LANGUAGES
INTEGRITY
JUSTICE
POLITICS
RESOLUTION
SECURITY
SOLUTION
TREATY

88 - Herboristería

M	U	U	J	G	R	K	O	C	J	V	D	G	S	J	I
Q	G	T	X	J	N	T	Y	P	Y	Z	B	L	C	E	N
K	J	I	O	J	V	N	S	J	E	V	I	T	L	L	G
R	H	W	D	T	Z	W	V	N	H	C	L	B	G	M	R
Q	A	Q	I	M	F	Y	K	T	S	Y	C	L	N	C	E
S	A	F	F	R	O	N	O	G	A	R	R	A	T	C	D
M	F	E	N	N	E	L	A	C	E	C	L	B	S	B	I
Q	A	Y	D	Z	R	X	S	D	I	L	L	F	T	A	E
U	V	R	E	D	N	E	V	A	L	T	N	I	M	S	N
A	P	A	J	T	E	S	F	K	Y	G	A	O	V	I	T
L	L	M	T	O	D	R	H	P	E	D	A	M	L	L	X
I	A	E	K	W	R	E	W	O	L	F	G	R	O	D	N
T	N	S	I	I	A	A	X	C	S	S	R	Q	L	R	B
Y	T	O	Y	M	G	T	M	J	R	R	E	A	N	I	A
D	R	R	O	V	A	L	F	M	A	J	E	O	N	J	C
C	U	L	I	N	A	R	Y	L	P	X	N	Z	Q	C	P

GARLIC
BASIL
AROMATIC
SAFFRON
QUALITY
CULINARY
DILL
TARRAGON
FLOWER
FENNEL
INGREDIENT
GARDEN
LAVENDER
MARJORAM
MINT
PARSLEY
PLANT
ROSEMARY
FLAVOR
GREEN

89 - Energía

N	D	I	E	S	E	L	R	L	C	F	F	Q	M	M	X
S	R	E	R	Y	J	W	E	N	I	L	O	S	A	G	Q
R	Z	N	G	O	Q	Q	N	O	T	O	H	P	E	Y	S
B	A	T	T	E	R	Y	E	I	Y	U	M	P	T	Q	U
B	Z	A	G	Q	E	B	W	H	N	F	I	I	S	I	F
B	W	L	M	X	L	B	A	Q	Y	D	N	I	W	Z	H
Q	X	I	X	N	U	Y	B	S	R	D	U	A	Z	K	E
C	A	R	B	O	N	S	L	E	U	F	R	S	Q	B	A
K	N	N	O	R	T	C	E	L	E	J	U	O	T	Z	T
B	S	T	Q	M	O	I	V	X	Z	W	S	I	G	R	Y
A	W	C	Y	P	O	R	T	N	E	L	U	Z	K	E	Y
C	V	N	R	I	S	T	L	Q	J	B	B	R	K	T	N
J	F	M	C	S	K	C	O	T	U	R	B	I	N	E	F
S	G	Y	H	U	G	E	K	R	A	E	L	C	U	N	K
P	H	M	G	X	M	L	I	V	B	R	P	H	S	H	X
H	D	I	U	R	A	E	P	O	L	L	U	T	I	O	N

BATTERY
HEAT
CARBON
FUEL
POLLUTION
DIESEL
ELECTRON
ELECTRIC
ENTROPY
PHOTON

GASOLINE
HYDROGEN
INDUSTRY
MOTOR
NUCLEAR
RENEWABLE
SUN
TURBINE
STEAM
WIND

90 - Insectos

D	V	G	G	A	E	L	F	X	W	B	D	B	D	T	L
R	R	P	P	N	F	R	J	F	W	E	E	B	M	E	A
W	V	A	W	T	W	O	R	M	I	E	G	E	U	R	R
A	S	L	G	M	A	N	T	I	S	T	R	Q	C	M	V
S	L	M	A	O	U	G	P	Y	Q	L	A	C	O	I	A
P	O	M	G	D	N	M	I	M	C	E	S	Y	S	T	G
J	L	Z	T	T	Y	F	I	R	O	K	S	W	B	E	Q
U	J	Q	I	M	S	B	L	N	C	E	H	L	U	O	Y
I	V	G	J	U	O	L	U	Y	K	A	O	A	T	G	S
M	O	S	Q	U	I	T	O	G	R	F	P	P	T	H	S
T	G	S	E	S	M	E	S	Y	O	I	P	H	E	M	A
M	O	T	H	Y	O	N	C	U	A	K	E	I	R	Q	S
V	G	R	O	E	H	R	P	Y	C	L	R	D	F	G	R
F	K	T	M	E	I	O	M	Q	H	O	E	A	L	K	H
C	I	C	A	D	A	H	F	V	C	M	L	V	Y	E	U
X	V	Y	F	H	F	D	P	C	G	Q	U	V	F	G	D

BEE
WASP
HORNET
APHID
CICADA
COCKROACH
BEETLE
WORM
ANT
LOCUST
LARVA
DRAGONFLY
MANTIS
BUTTERFLY
LADYBUG
MOSQUITO
MOTH
FLEA
GRASSHOPPER
TERMITE

91 - Especias

B	I	P	P	M	W	B	K	L	F	Z	O	O	S	P	P
J	O	M	I	B	S	O	T	N	L	T	P	N	P	E	E
E	I	V	C	I	G	N	U	T	M	E	G	C	I	E	L
W	F	W	S	T	I	P	E	P	P	E	R	I	L	O	E
Q	Z	S	Z	T	N	I	M	U	C	W	A	N	H	D	N
H	N	Z	T	E	G	Z	W	N	G	S	G	N	I	U	N
V	S	J	Z	R	E	S	I	N	A	U	R	A	L	O	E
E	D	E	K	O	R	U	O	S	Q	F	V	M	H	V	F
S	A	I	T	V	D	D	Y	U	B	R	V	O	O	T	C
F	A	G	D	A	P	A	P	R	I	K	A	N	Q	O	J
L	L	Z	R	L	L	I	C	O	R	I	C	E	B	M	W
F	L	E	A	F	F	E	E	X	I	U	R	F	C	G	A
G	I	V	S	A	F	F	R	O	N	E	C	P	B	H	V
K	N	O	I	H	U	Z	X	F	A	P	F	K	F	B	U
S	A	L	T	M	Y	Z	P	R	R	E	O	Q	C	N	N
J	V	C	I	L	R	A	G	P	L	R	T	I	B	K	H

SOUR
GARLIC
BITTER
ANISE
SAFFRON
CINNAMON
ONION
CLOVE
CUMIN
CURRY
SWEET
FENNEL
GINGER
NUTMEG
PAPRIKA
PEPPER
LICORICE
FLAVOR
SALT
VANILLA

92 - Emociones

A	N	G	E	R	N	X	M	N	V	E	Q	K	Z	Y	L
K	M	D	C	Q	D	V	Q	T	S	M	J	X	Z	U	Y
T	E	N	D	E	R	N	E	S	S	B	O	Z	L	U	F
D	D	M	E	C	A	L	M	S	S	A	Y	H	U	U	E
A	J	V	X	Q	M	L	N	I	E	R	V	P	Y	I	A
H	V	T	A	B	D	J	X	L	N	R	F	T	F	R	R
E	X	F	L	B	O	X	L	B	D	A	E	F	C	U	X
L	U	F	E	T	A	R	G	M	N	S	F	P	S	B	H
R	X	W	R	M	Z	Y	E	G	I	S	M	P	I	A	B
R	E	L	I	E	F	V	H	D	K	E	L	O	V	E	O
C	O	N	T	E	N	T	W	T	O	D	N	E	F	J	Y
S	A	T	I	S	F	I	E	D	A	M	J	F	E	J	K
S	A	D	N	E	S	S	S	U	R	P	R	I	S	E	Z
T	R	A	N	Q	U	I	L	I	T	Y	M	L	M	D	I
Z	D	L	H	H	P	F	Q	G	R	E	B	Y	G	T	T
P	E	A	C	E	Q	A	O	J	R	X	A	D	S	W	I

BOREDOM
GRATEFUL
JOY
RELIEF
LOVE
EMBARRASSED
BLISS
KINDNESS
CALM
CONTENT
ANGER
FEAR
PEACE
RELAXED
SATISFIED
SYMPATHY
SURPRISE
TENDERNESS
TRANQUILITY
SADNESS

93 - Jazz

T	N	E	L	A	T	R	E	C	N	O	C	I	S	U	M
W	E	N	T	V	L	N	U	Z	D	C	O	Y	U	M	O
K	L	C	K	N	H	R	U	U	Q	Q	M	N	O	E	R
T	Y	P	H	D	R	U	M	S	I	D	P	C	M	G	C
L	T	D	G	N	O	S	E	W	T	T	O	F	A	E	H
M	S	C	I	S	I	U	D	V	G	Y	S	Q	F	N	E
U	G	W	W	F	F	Q	B	V	D	F	E	I	U	R	S
B	E	X	A	R	B	M	U	B	L	A	R	H	T	E	T
X	X	J	B	X	C	H	D	E	O	H	I	M	H	R	R
J	B	I	K	E	O	T	N	R	T	H	N	P	G	L	A
R	G	X	X	D	I	Y	I	D	W	O	Z	Y	V	C	S
B	E	X	B	K	V	H	M	P	F	J	Y	G	A	U	A
E	Z	N	U	N	V	R	R	C	X	L	X	T	T	E	N
C	O	M	P	O	S	I	T	I	O	N	M	K	C	H	B
F	A	V	O	R	I	T	E	S	I	S	A	H	P	M	E
F	Z	Y	I	M	P	R	O	V	I	S	A	T	I	O	N

ARTIST
ALBUM
SONG
COMPOSITION
COMPOSER
CONCERT
STYLE
EMPHASIS
FAMOUS
FAVORITES
GENRE
IMPROVISATION
MUSIC
NEW
ORCHESTRA
RHYTHM
TALENT
DRUMS
TECHNIQUE
OLD

94 - Mediciones

L	Y	T	P	S	Y	W	L	C	D	X	Q	A	F	K	C
K	E	C	N	U	O	E	T	U	N	I	M	A	R	G	E
V	I	N	F	G	W	I	M	E	T	E	R	R	P	B	N
V	O	L	G	X	E	G	S	B	V	E	T	U	L	D	T
X	C	A	O	T	Y	H	C	N	I	R	O	X	L	W	I
P	Y	M	Y	G	H	T	P	E	D	G	N	Z	A	D	M
G	C	I	A	K	R	W	F	J	H	E	O	G	M	L	E
G	F	C	S	S	S	A	M	F	E	D	M	J	C	D	T
K	S	E	Q	T	F	T	M	L	I	W	L	W	Q	K	E
D	D	D	O	A	P	T	A	I	G	Q	S	Z	W	C	R
O	J	W	B	Z	H	E	R	T	H	T	D	I	W	E	N
B	S	M	K	Y	M	Q	S	E	T	V	O	L	U	M	E
R	A	K	R	C	T	R	Q	R	V	L	F	D	Y	X	R
J	V	X	E	F	L	E	K	I	L	O	M	E	T	E	R
W	L	E	S	H	U	Z	N	L	G	P	A	K	F	H	S
X	H	J	E	E	B	X	E	L	D	G	L	I	X	E	T

HEIGHT
WIDTH
BYTE
CENTIMETER
DECIMAL
DEGREE
GRAM
KILOGRAM
KILOMETER
LITER
LENGTH
MASS
METER
MINUTE
OUNCE
WEIGHT
DEPTH
INCH
TON
VOLUME

95 - Barcos

E	N	G	I	N	E	W	X	Y	X	A	Q	A	F	P	Z
X	G	U	R	M	Q	X	D	T	K	D	N	A	E	C	O
C	Y	W	K	R	Y	O	C	S	R	K	O	C	F	J	R
Y	R	R	E	F	A	S	K	A	Y	A	K	O	H	K	P
F	Y	E	F	H	C	E	V	M	C	A	N	O	E	O	L
E	A	K	W	M	H	A	W	A	Z	M	O	C	W	F	R
X	Z	A	T	F	T	O	N	R	N	T	S	R	H	M	M
Q	Z	L	Y	L	K	Y	U	I	Y	U	Q	O	D	T	N
L	W	H	C	B	D	J	B	T	S	J	K	P	T	O	A
H	D	G	S	R	A	F	T	I	J	K	N	E	I	Q	U
S	A	I	L	B	O	A	T	M	B	U	O	Y	D	F	T
S	A	I	L	O	R	N	R	E	D	K	R	X	E	I	I
D	K	K	Z	D	C	A	L	C	D	C	B	I	P	U	C
Y	T	Q	X	S	M	V	Z	X	N	K	K	H	V	X	A
Q	F	O	U	M	N	S	F	W	A	V	W	F	T	E	L
C	P	F	C	W	E	S	B	I	R	O	J	N	F	W	R

ANCHOR
RAFT
BUOY
CANOE
ROPE
FERRY
KAYAK
LAKE
SEA
TIDE
SAILOR
MARITIME
MAST
ENGINE
NAUTICAL
OCEAN
RIVER
CREW
SAILBOAT
YACHT

96 - Antártida

N	T	D	K	B	J	N	Z	J	M	I	C	T	O	U	Y
S	N	I	U	G	N	E	P	F	I	S	I	O	B	S	U
G	E	O	G	R	A	P	H	Y	G	L	F	P	S	S	H
M	N	C	V	E	L	D	M	A	R	A	I	O	E	T	Q
C	I	I	R	T	O	M	M	B	A	N	T	G	K	R	J
O	T	N	R	A	G	P	B	Z	T	D	N	R	Z	O	R
N	N	O	E	W	I	H	R	T	I	S	E	A	O	C	E
S	O	I	N	R	P	O	S	H	O	S	I	P	Y	K	S
E	C	T	P	Q	A	Y	N	H	N	R	C	H	T	Y	E
R	W	I	E	C	W	L	B	I	R	D	S	Y	U	G	A
V	I	D	A	H	R	H	S	R	E	I	C	A	L	G	R
A	B	E	O	T	W	P	E	N	I	N	S	U	L	A	C
T	A	P	C	L	O	U	D	S	Q	S	L	Y	M	V	H
I	H	X	T	E	M	P	E	R	A	T	U	R	E	Z	E
O	S	E	W	B	I	C	E	J	N	X	P	V	X	W	R
N	R	Q	J	Z	C	H	Q	Y	W	E	N	M	O	O	H

WATER
BAY
SCIENTIFIC
CONSERVATION
CONTINENT
EXPEDITION
GEOGRAPHY
GLACIERS
ICE
RESEARCHER
ISLANDS
MIGRATION
MINERALS
CLOUDS
BIRDS
PENINSULA
PENGUINS
ROCKY
TEMPERATURE
TOPOGRAPHY

97 - Mamíferos

E	U	L	P	G	A	G	W	K	U	I	Z	S	F	J	N
J	V	H	Y	E	K	N	O	D	L	H	W	W	Z	T	I
D	P	V	F	E	L	A	H	W	G	I	K	L	X	L	L
O	O	O	O	S	K	J	B	E	H	T	B	T	B	O	A
Z	F	L	X	R	J	N	J	D	I	T	P	E	E	H	S
E	G	T	P	O	H	K	O	O	R	A	G	N	A	K	I
B	Z	K	S	H	T	K	U	M	L	C	I	Y	D	R	U
R	K	Z	L	U	I	T	R	A	B	B	I	T	O	J	G
A	V	X	N	G	T	N	A	H	P	E	L	E	G	V	H
T	N	G	O	R	I	L	L	A	C	O	Y	O	T	E	P
F	U	A	W	E	F	C	A	M	E	L	Z	B	B	F	D
W	G	I	R	A	F	F	E	D	J	J	O	F	T	M	U
M	O	T	I	A	L	M	I	Z	D	C	M	Z	W	F	R
G	B	X	F	P	O	J	I	D	M	T	P	E	M	G	K
J	N	V	P	E	W	P	G	H	W	B	U	L	L	Y	X
A	N	Z	O	V	A	Q	W	Y	Z	I	X	J	W	K	Y

WHALE
DONKEY
HORSE
CAMEL
KANGAROO
ZEBRA
RABBIT
COYOTE
DOLPHIN
ELEPHANT

CAT
GORILLA
GIRAFFE
WOLF
MONKEY
BEAR
SHEEP
DOG
BULL
FOX

98 - Boxeo

S	U	C	O	F	Q	C	S	N	A	C	Q	X	L	X	R
T	K	C	I	K	U	P	A	T	W	G	K	P	K	D	E
N	C	I	W	V	I	M	K	X	R	K	C	F	A	I	C
I	M	J	L	O	C	Y	W	F	N	E	L	N	O	C	O
O	Z	O	V	L	K	C	K	B	Q	K	N	I	H	C	V
P	T	L	P	A	Y	U	F	L	E	Y	Q	G	D	E	E
H	G	W	T	T	H	M	G	X	A	L	F	Q	T	C	R
Q	G	I	N	J	U	R	I	E	S	J	L	Z	X	H	Y
W	O	B	E	E	R	E	F	E	R	G	F	I	S	T	U
K	P	M	N	X	X	N	Y	D	O	B	T	D	N	T	M
V	K	L	O	F	E	R	U	Q	P	D	Q	T	K	M	N
L	O	Q	P	U	W	O	B	L	E	U	H	X	F	G	G
Z	R	C	P	F	C	C	A	B	S	G	L	O	V	E	S
Q	G	K	O	T	X	E	X	H	A	U	S	T	E	D	N
F	I	G	H	T	E	R	B	C	W	F	J	Y	S	B	Y
U	B	I	Y	D	G	W	D	H	U	I	W	K	P	U	R

REFEREE
CHIN
BELL
FOCUS
ELBOW
ROPES
BODY
CORNER
EXHAUSTED
STRENGTH
GLOVES
SKILL
INJURIES
FIGHTER
OPPONENT
KICK
POINTS
FIST
QUICK
RECOVERY

99 - Abejas

D	T	B	N	I	U	U	M	Y	G	I	U	B	S	B	H
O	I	F	L	O	W	E	R	S	A	N	F	L	M	S	J
O	O	V	N	U	S	L	A	X	R	S	O	O	O	T	R
F	P	T	E	S	R	A	W	E	D	E	H	S	K	H	C
W	A	X	L	R	O	I	S	F	E	C	F	S	E	Y	A
E	D	P	L	L	S	C	X	U	N	T	M	O	V	G	X
P	B	W	O	U	G	I	J	B	E	I	O	M	I	H	C
V	O	W	P	F	N	F	T	Y	E	N	O	H	H	X	S
V	C	L	O	V	I	E	R	Y	U	Y	M	D	D	R	F
H	V	M	L	T	W	N	F	U	Q	A	T	F	X	R	B
Y	C	E	M	I	M	E	R	T	I	S	N	E	X	S	G
K	Z	O	Y	O	N	B	O	Z	W	T	G	H	E	I	N
M	U	A	C	L	O	A	I	Y	O	N	C	J	E	R	W
N	L	B	A	B	G	B	T	I	K	A	P	X	I	M	M
I	D	D	B	W	R	J	S	O	S	L	C	D	Y	E	E
E	C	O	S	Y	S	T	E	M	R	P	S	D	O	K	A

WINGS
BENEFICIAL
WAX
HIVE
FOOD
DIVERSITY
ECOSYSTEM
SWARM
BLOSSOM
FLOWERS
FRUIT
SMOKE
INSECT
GARDEN
HONEY
PLANTS
POLLEN
POLLINATOR
QUEEN
SUN

100 - Psicología

G	J	D	R	E	A	M	S	P	S	T	E	H	I	R	S
O	F	T	B	Y	Y	Z	D	E	R	Z	G	C	D	W	U
U	P	N	N	V	S	W	S	U	N	O	O	J	E	C	B
B	P	E	R	C	E	P	T	I	O	N	B	W	A	L	C
E	R	M	Q	E	G	U	H	B	I	O	J	L	S	R	O
H	E	S	A	I	Y	W	G	M	T	I	C	A	E	L	N
A	A	S	S	C	V	W	U	Q	A	T	H	C	T	M	S
V	L	E	G	O	T	A	O	P	S	I	I	I	H	J	C
I	I	S	Q	Q	C	J	H	G	N	N	L	N	E	I	I
O	T	S	R	Y	I	L	T	X	E	G	D	I	R	I	O
R	Y	A	F	U	L	R	Q	P	S	O	H	L	A	H	U
D	Z	Z	A	Y	F	J	E	R	Y	C	O	C	P	E	S
P	E	R	S	O	N	A	L	I	T	Y	O	B	Y	J	E
V	V	L	S	N	O	I	T	O	M	E	D	C	R	P	Q
I	S	U	O	I	C	S	N	O	C	N	U	N	W	Q	H
A	P	P	O	I	N	T	M	E	N	T	R	T	L	M	Y

APPOINTMENT
CLINICAL
COGNITION
BEHAVIOR
CONFLICT
EGO
EMOTIONS
ASSESSMENT
IDEAS
UNCONSCIOUS
CHILDHOOD
THOUGHTS
PERCEPTION
PERSONALITY
PROBLEM
REALITY
SENSATION
SUBCONSCIOUS
DREAMS
THERAPY

1 - Arqueología

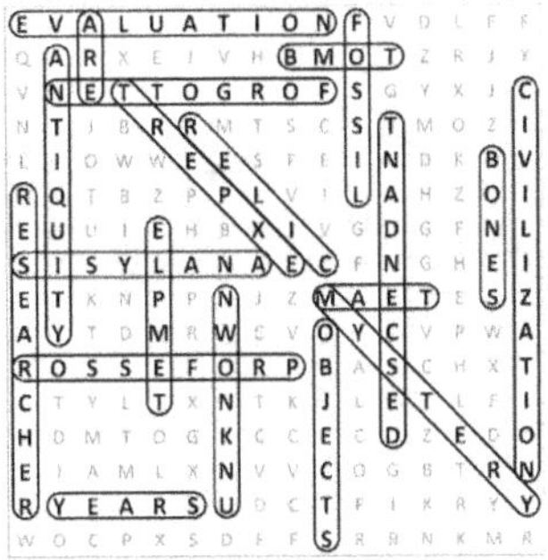

2 - Granja #2

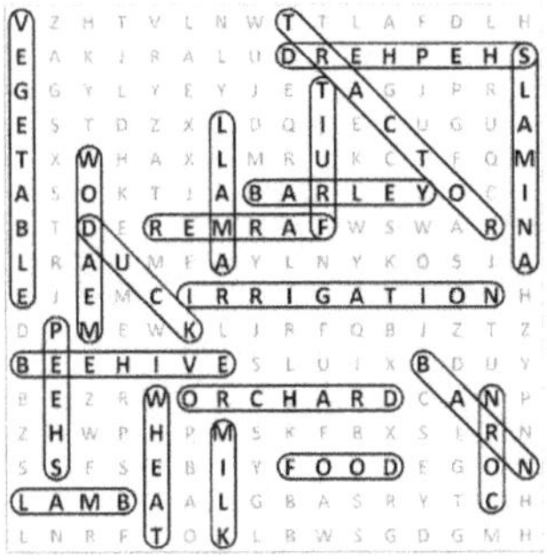

3 - Mueble

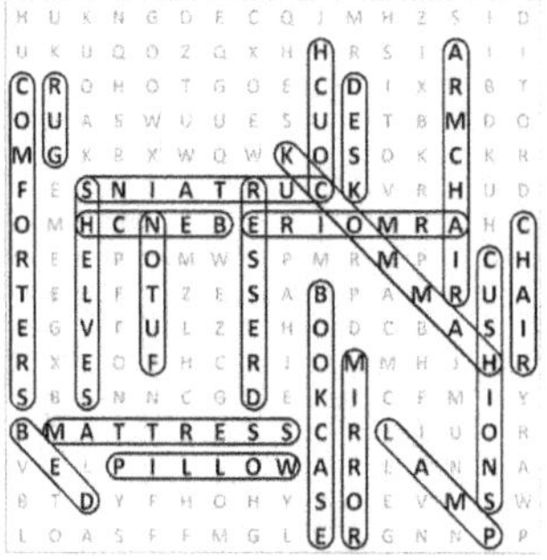

4 - Aviones

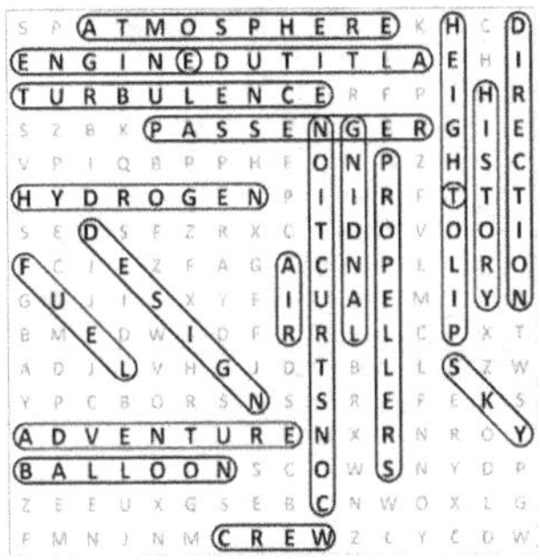

5 - Tipos de Cabello

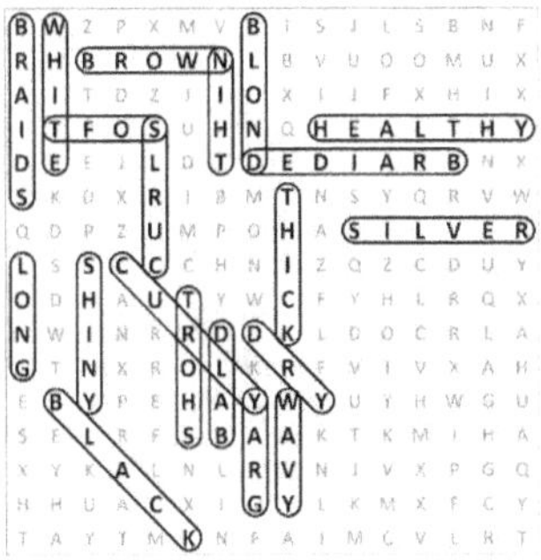

6 - Ética

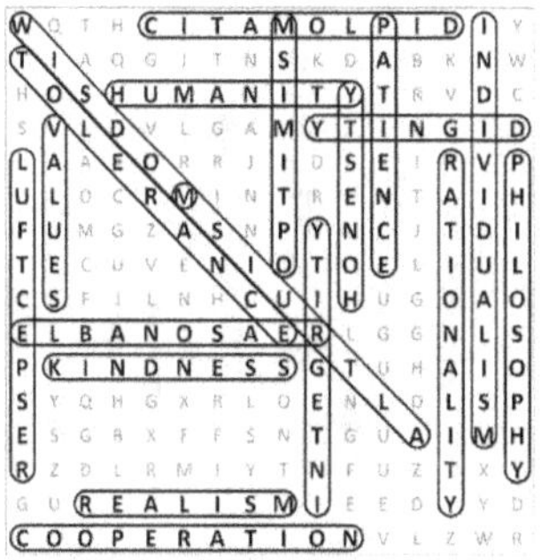

7 - Ciencia Ficción

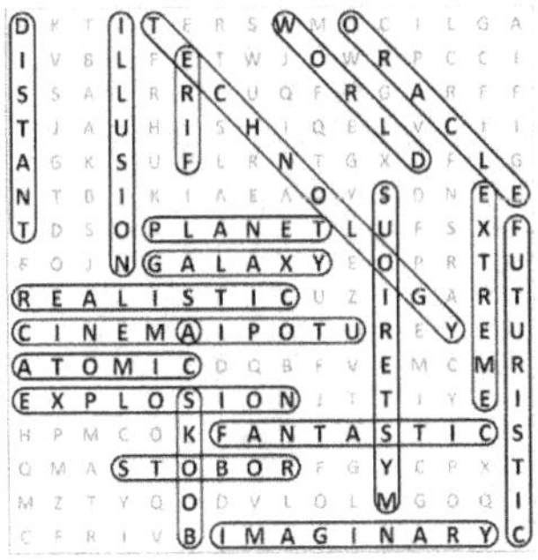

8 - Granja #1

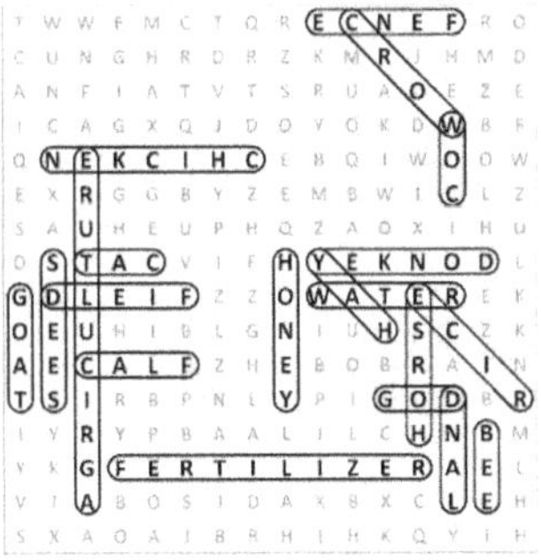

9 - Camping

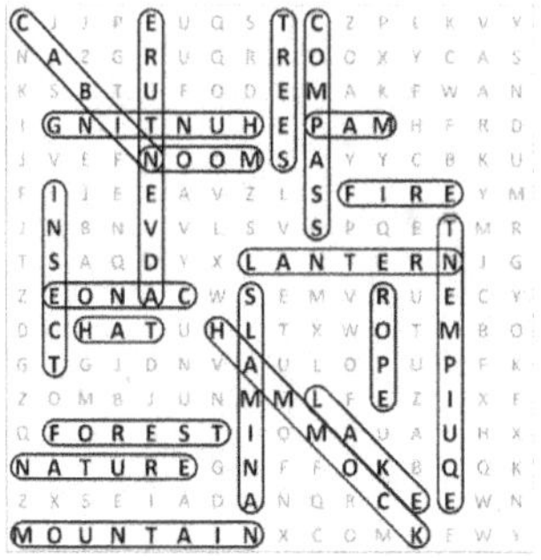

10 - Fruta

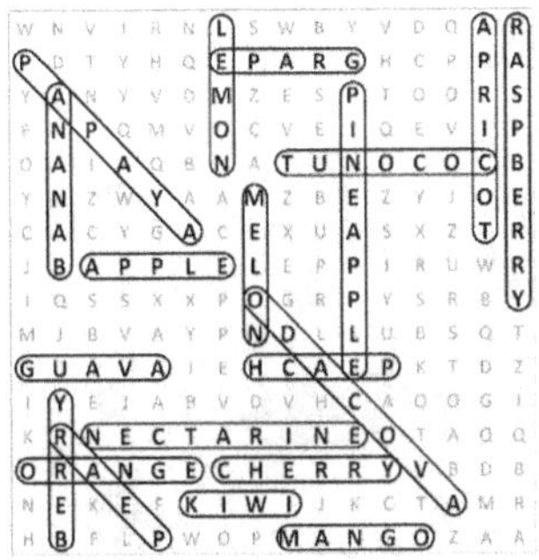

11 - Geología

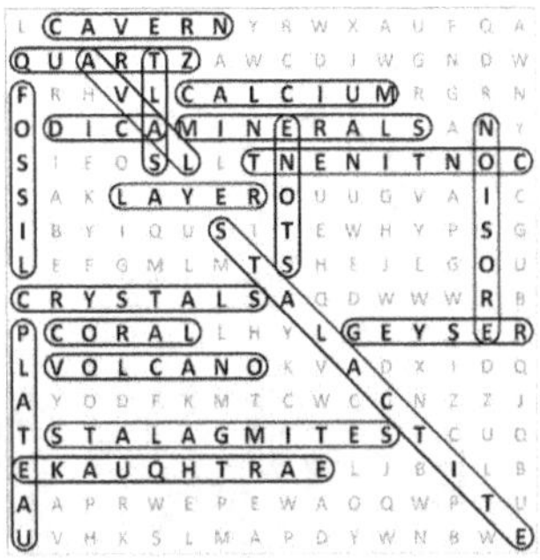

12 - Álgebra

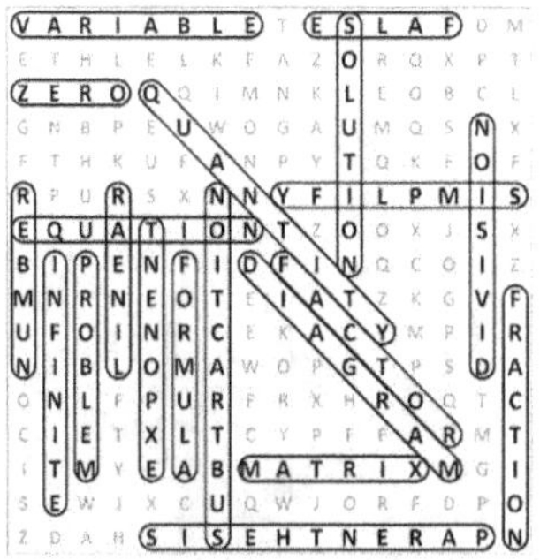

13 - Plantas

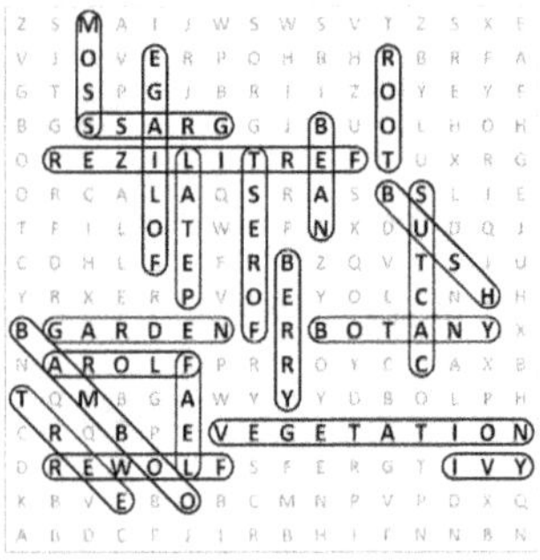

14 - Suministros de Arte

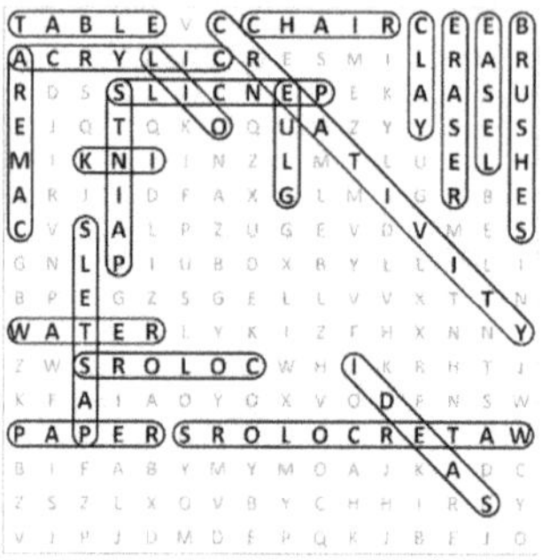

15 - Negocio

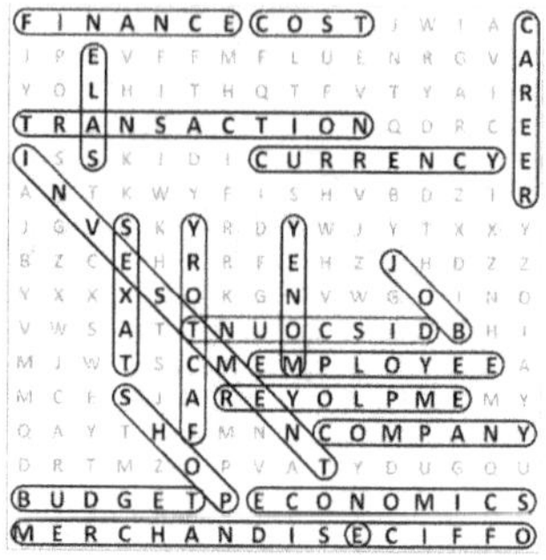

16 - Jardín

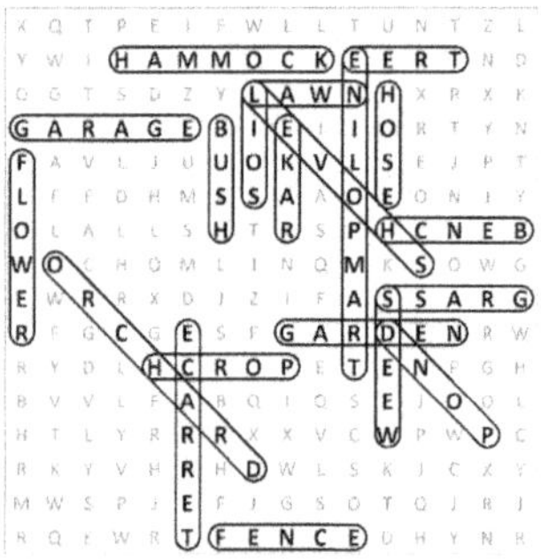

17 - Países #2

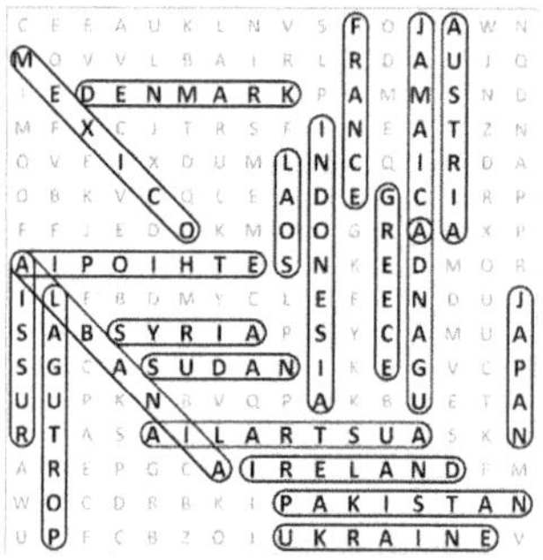

18 - Números

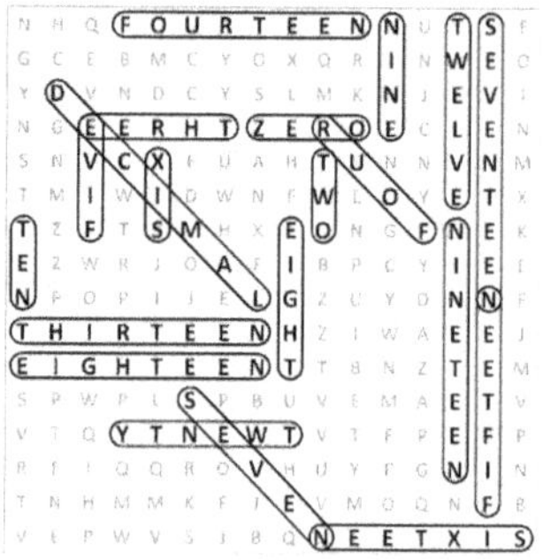

19 - Física

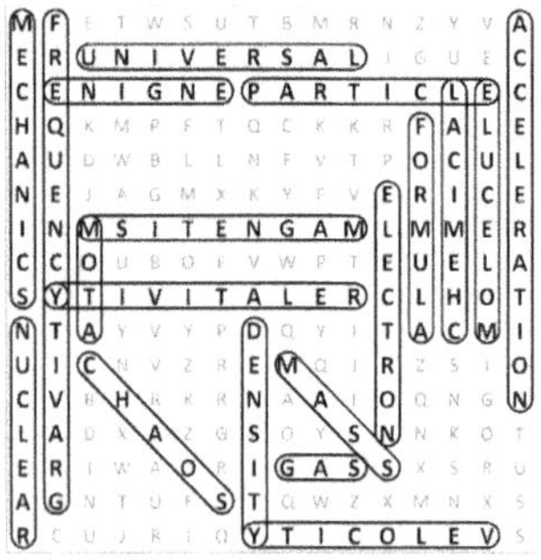

20 - Belleza

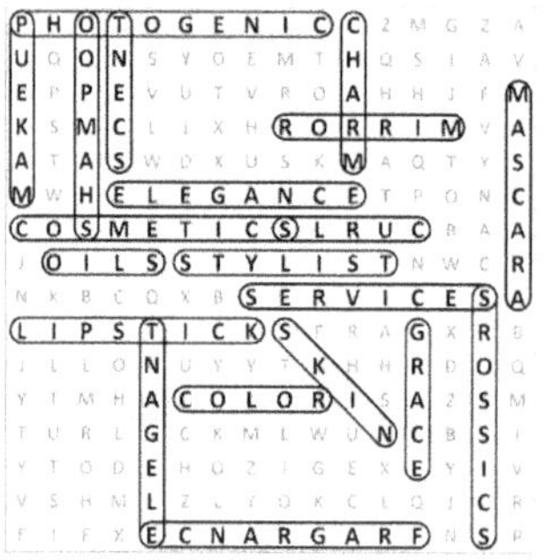

21 - Países #1

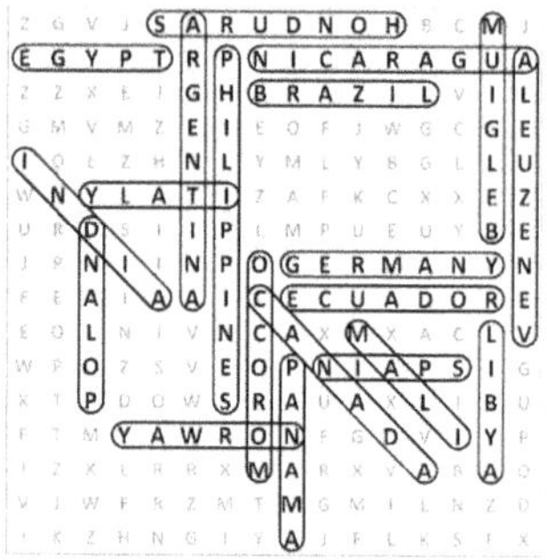

22 - Mitología

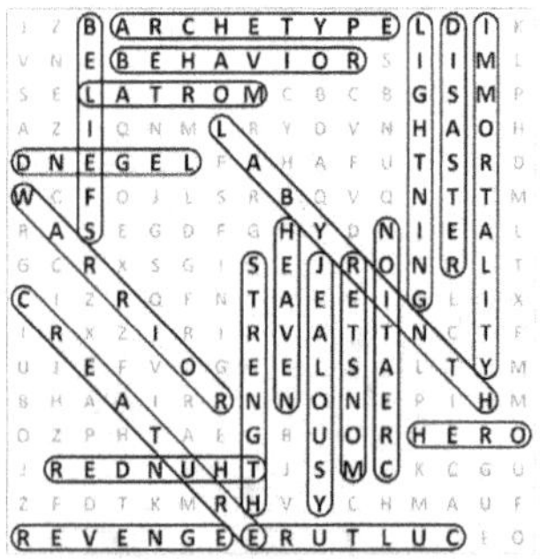

23 - Ecología

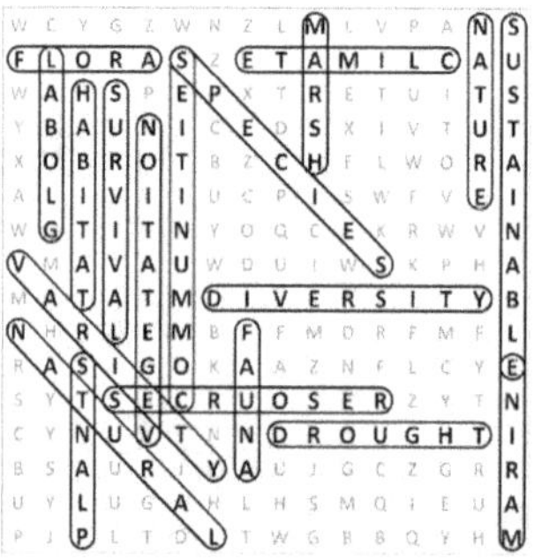

24 - Casa

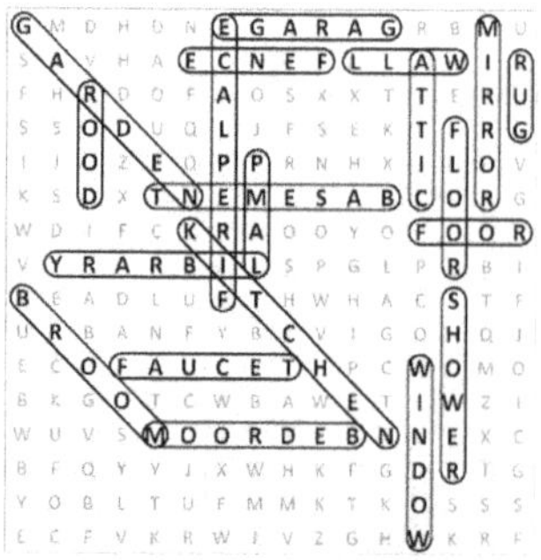

25 - Salud y Bienestar #2

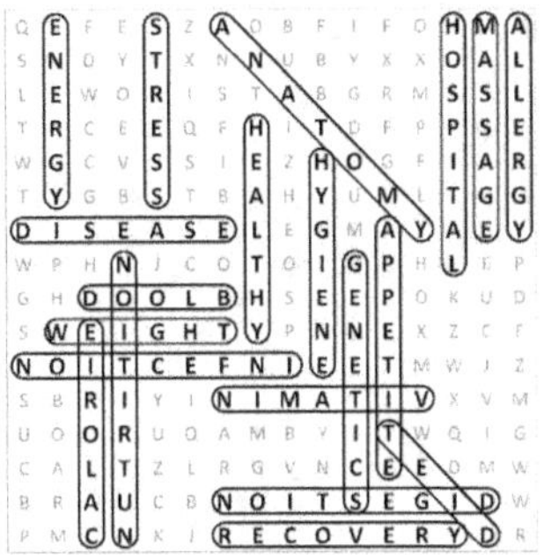

26 - Selva Tropical

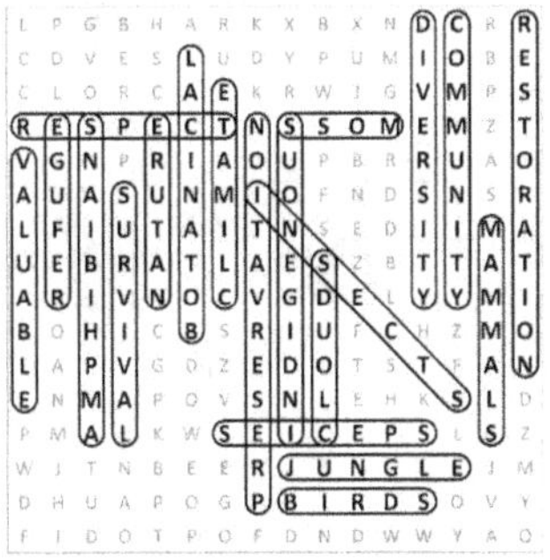

27 - Colores

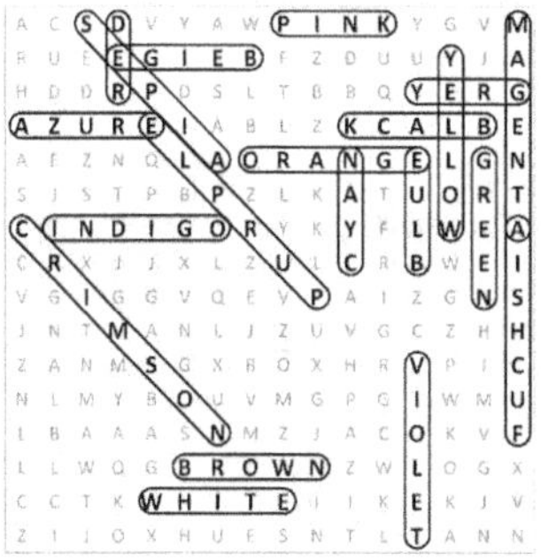

28 - Adjetivos #1

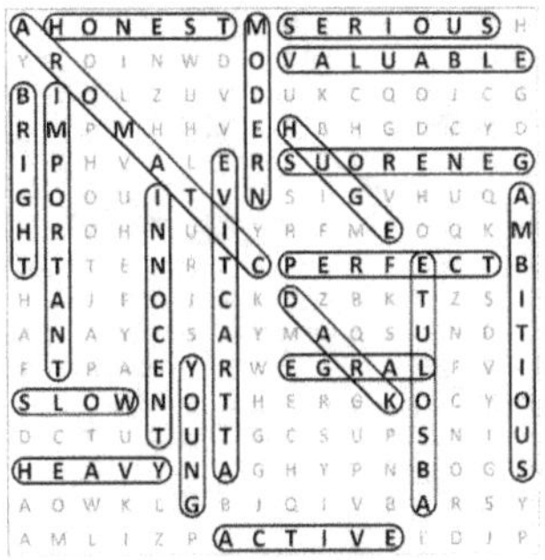

29 - Familia

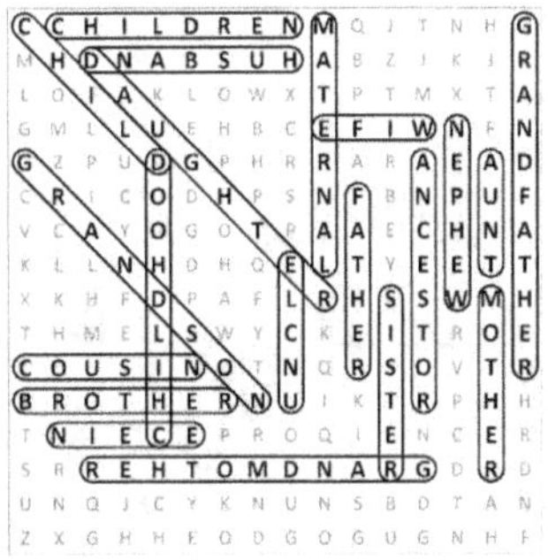

30 - Disciplinas Científicas

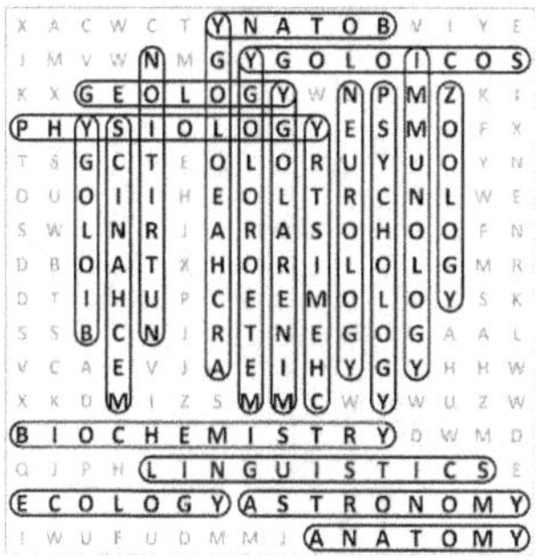

31 - Cocina

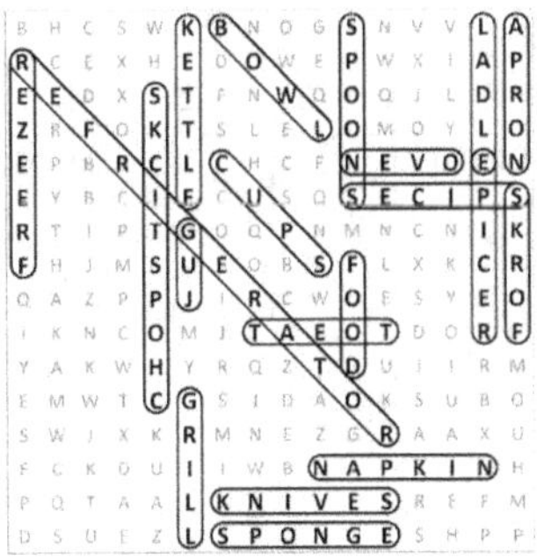

32 - Moda

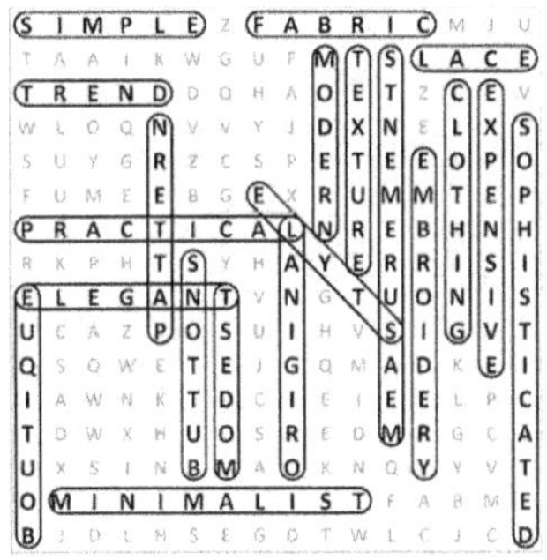

33 - Electricidad

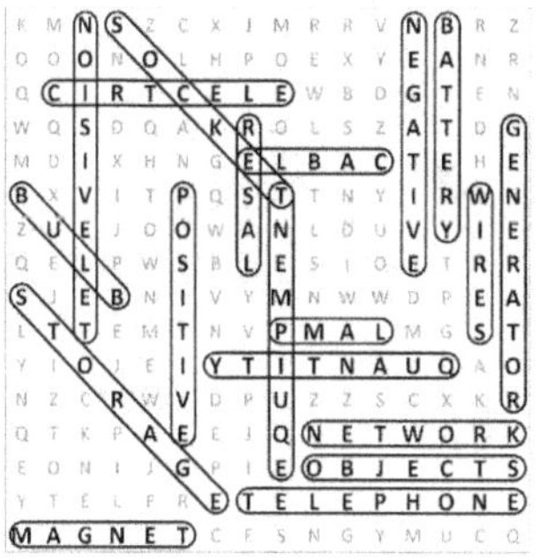

34 - Salud y Bienestar #1

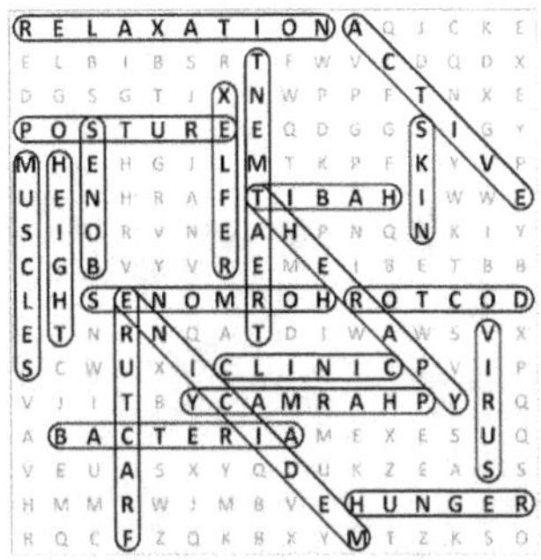

35 - Adjetivos #2

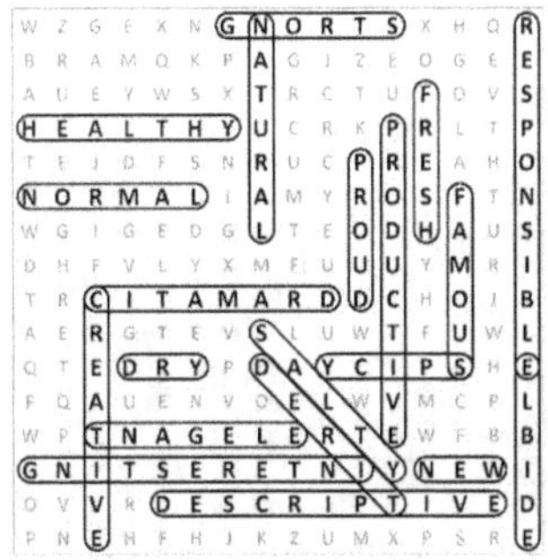

36 - Cuerpo Humano

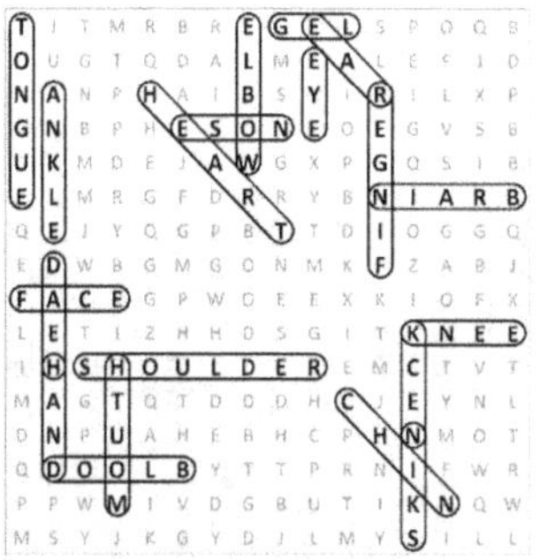

37 - Calentamiento Gl

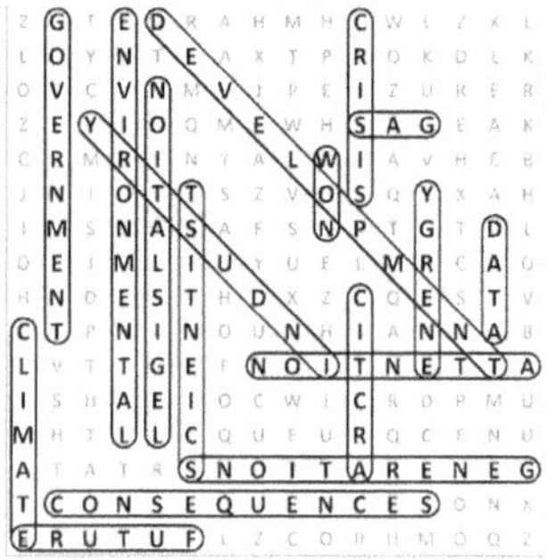

38 - Ciencia

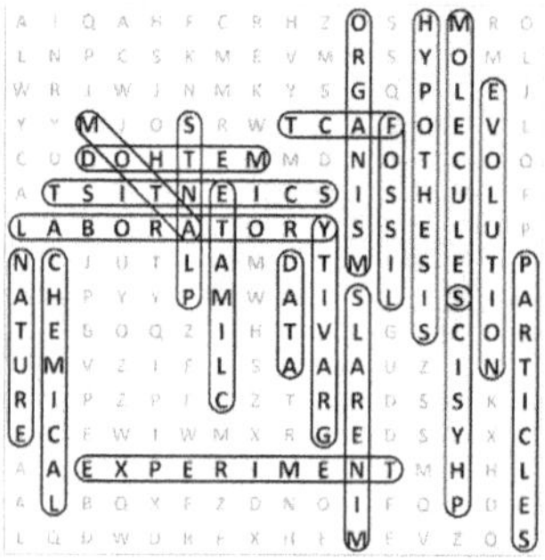

39 - Restaurante #2

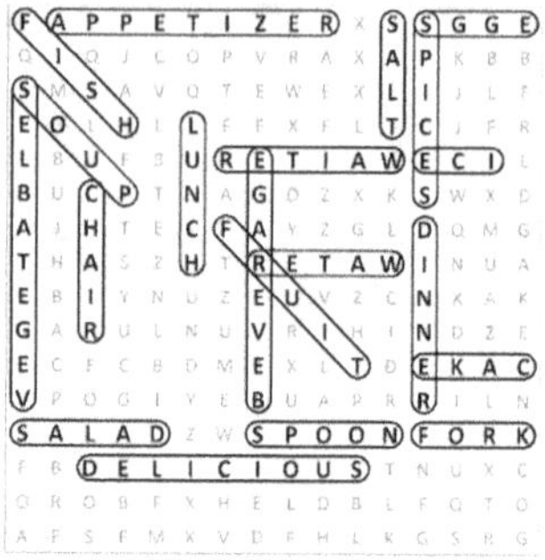

40 - Profesiones #1

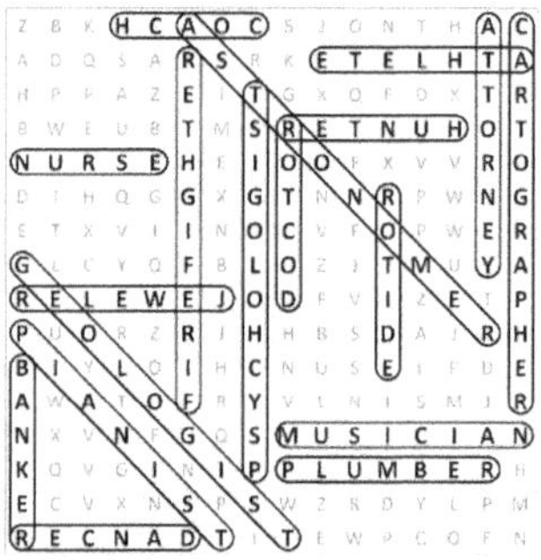

41 - Geometría

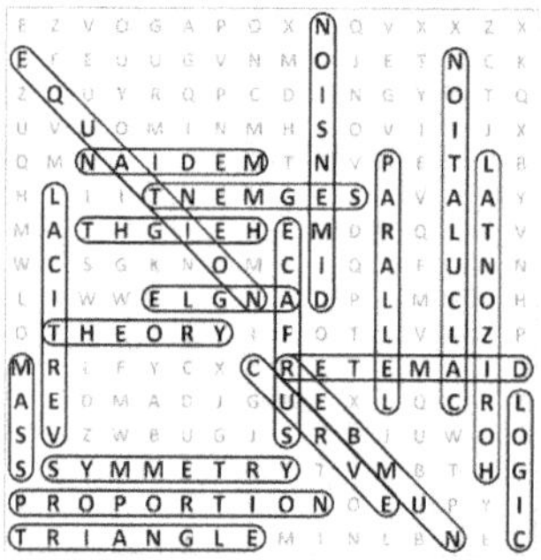

42 - Baile

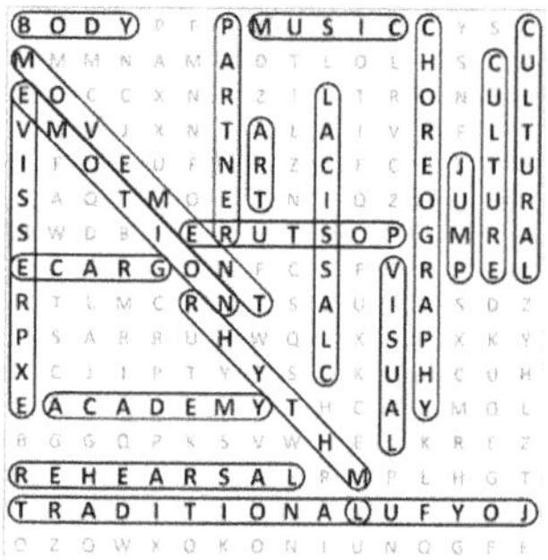

43 - Matemáticas

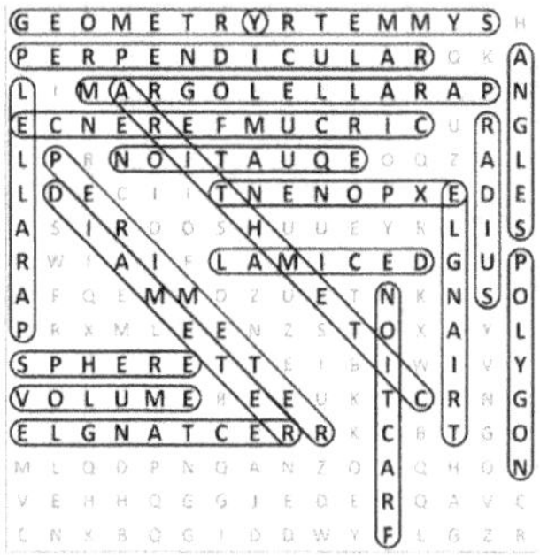

44 - Restaurante #1

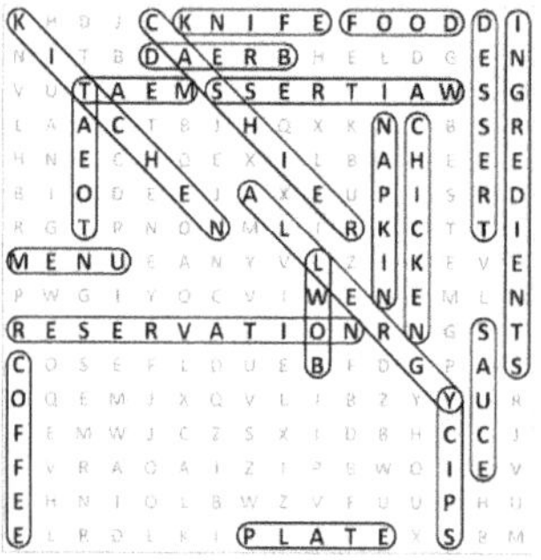

45 - Profesiones #2

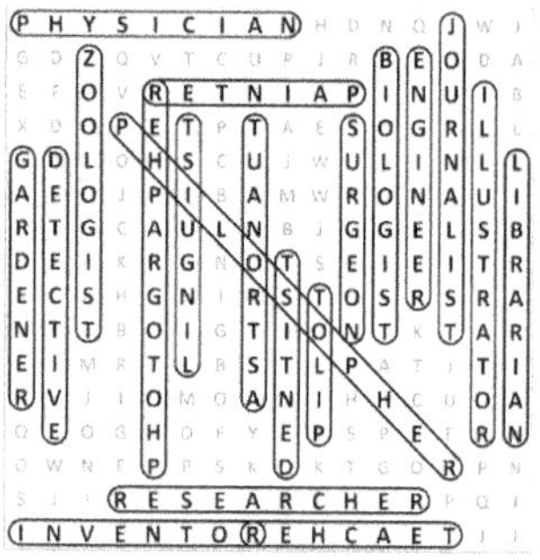

46 - Senderismo

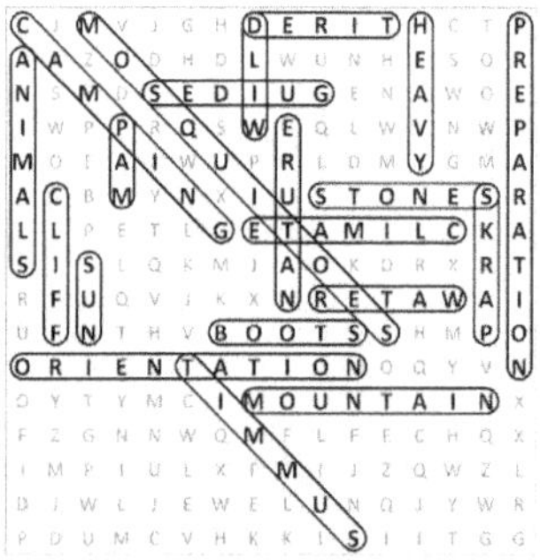

47 - Naturaleza

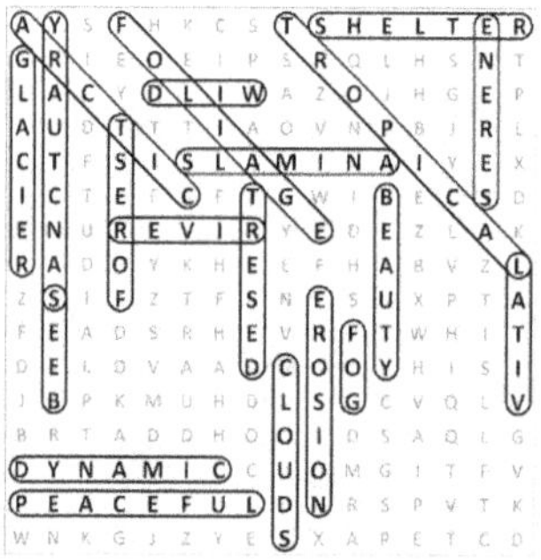

48 - Conduciendo

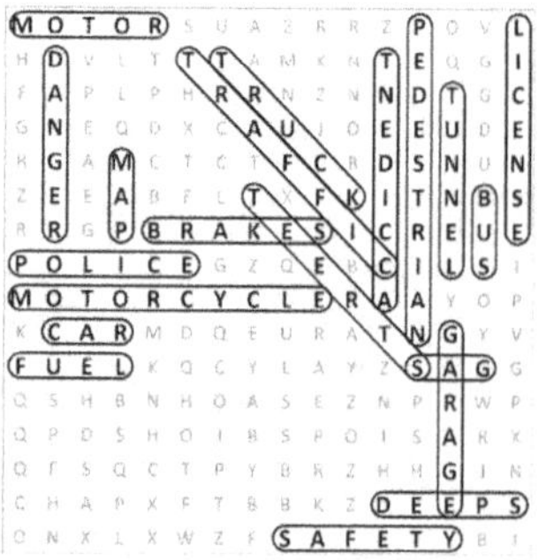

49 - Ballet

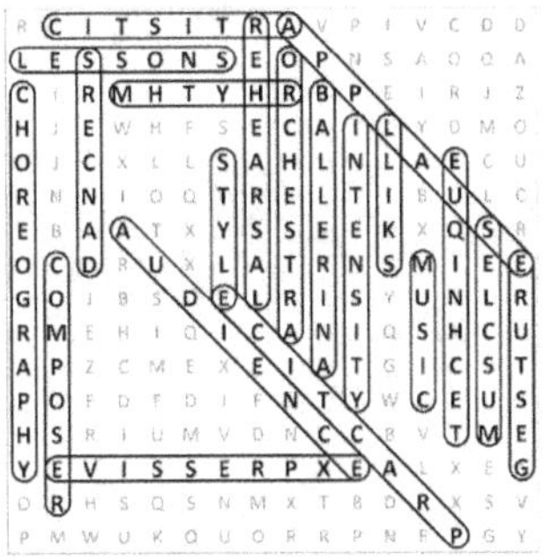

50 - Fuerza y Gravedad

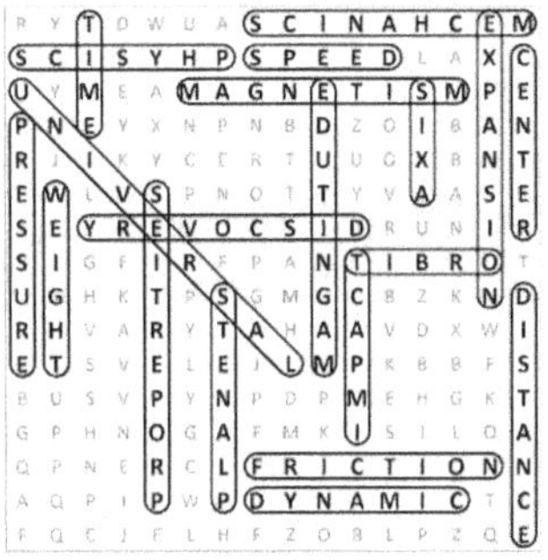

51 - Aventura

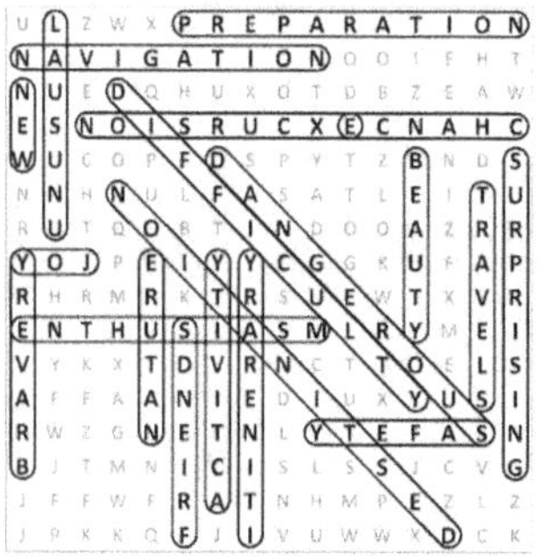

52 - Pájaros

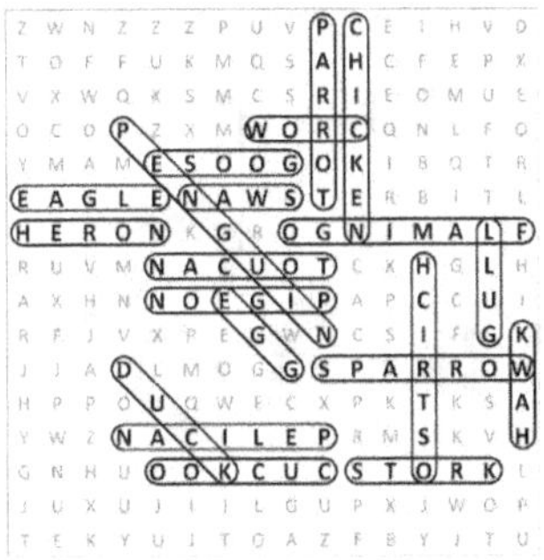

53 - Geografía

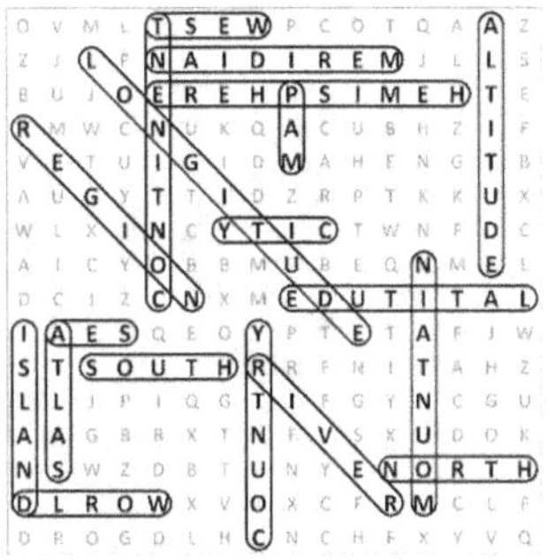

54 - Música

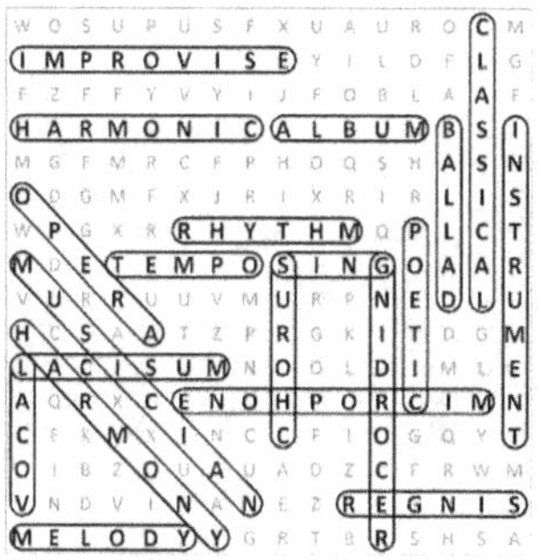

55 - Enfermedad

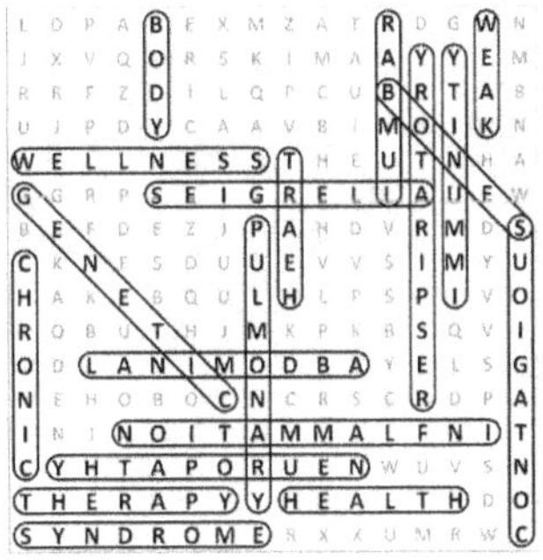

56 - Actividades

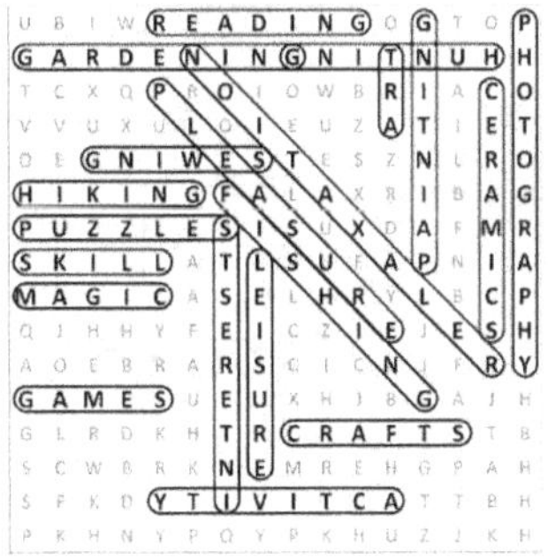

57 - Instrumentos Musicales

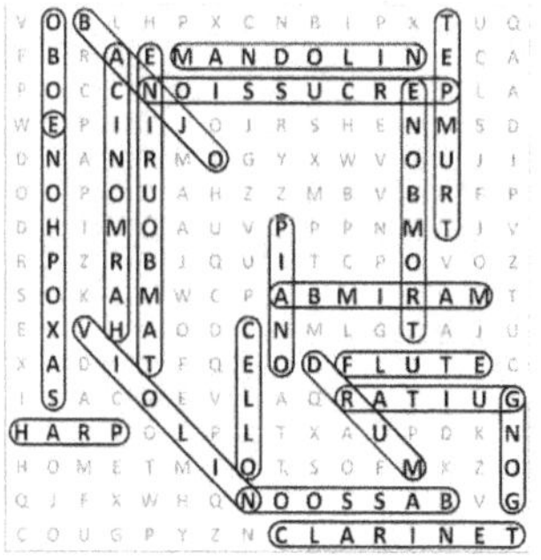

58 - Formas

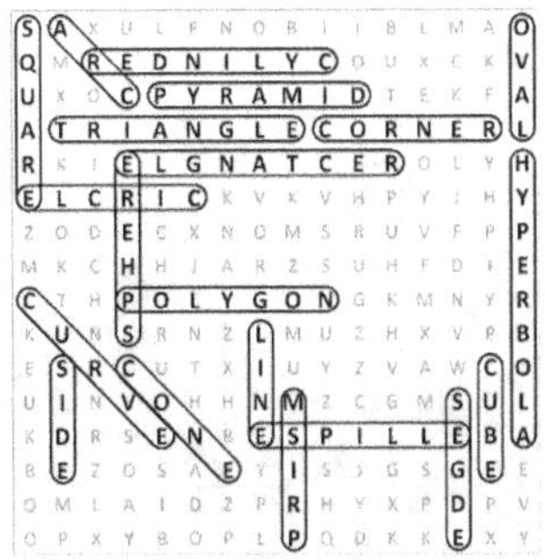

59 - Flores

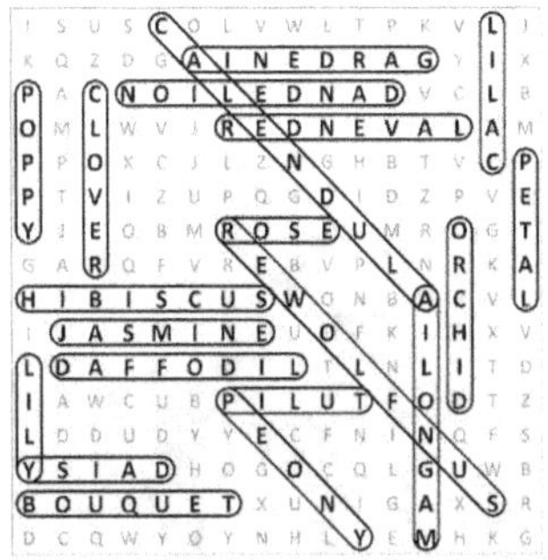

60 - Astronomía

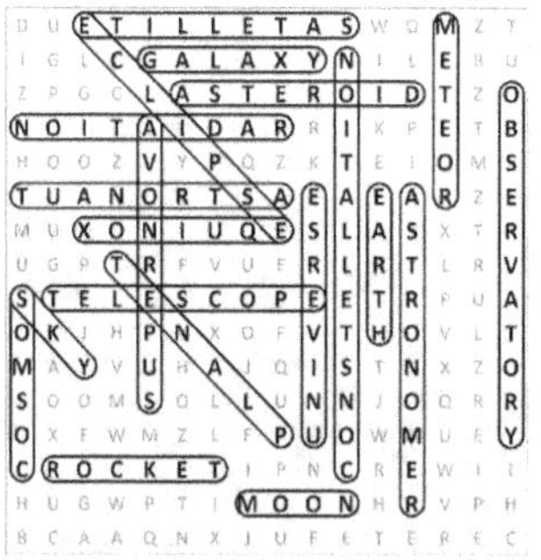

61 - Paisajes

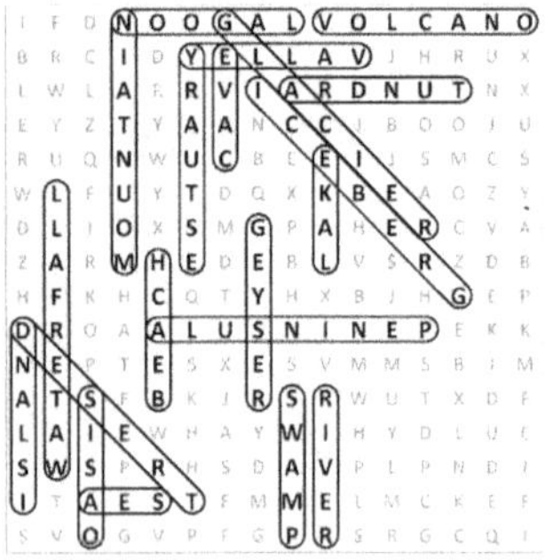

62 - Días y Meses

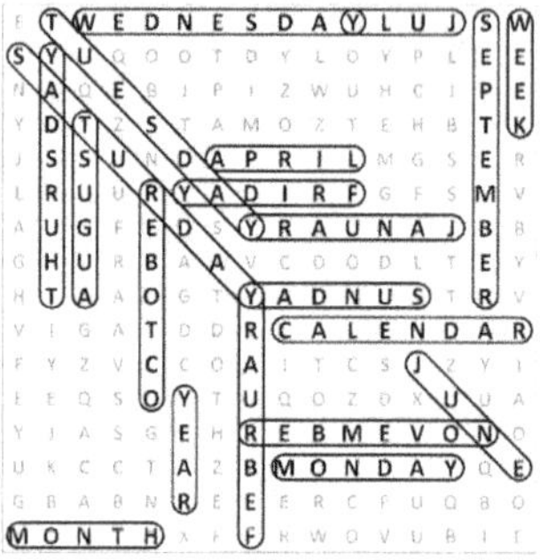

63 - Biología

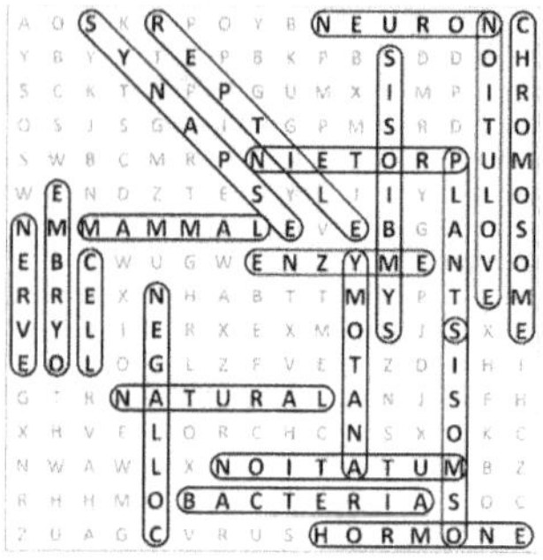

64 - Jardinería

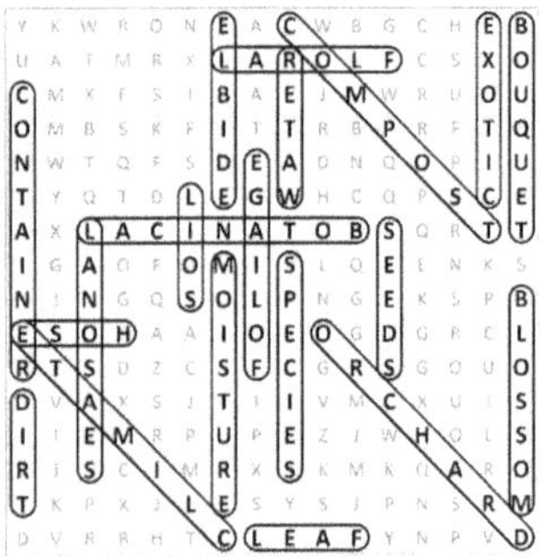

65 - Chocolate

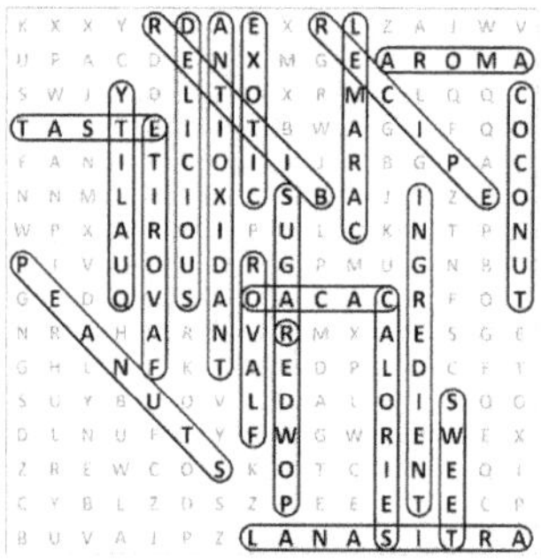

66 - Barbacoas

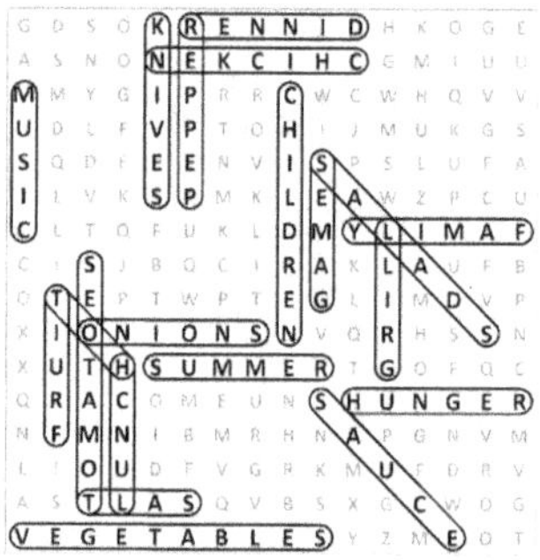

67 - Ropa

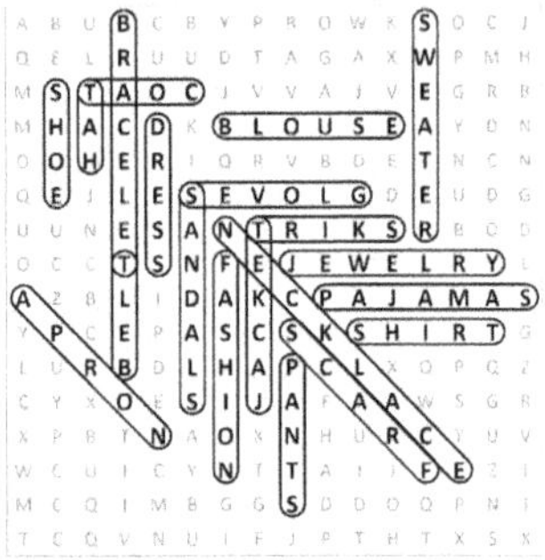

68 - Meditación

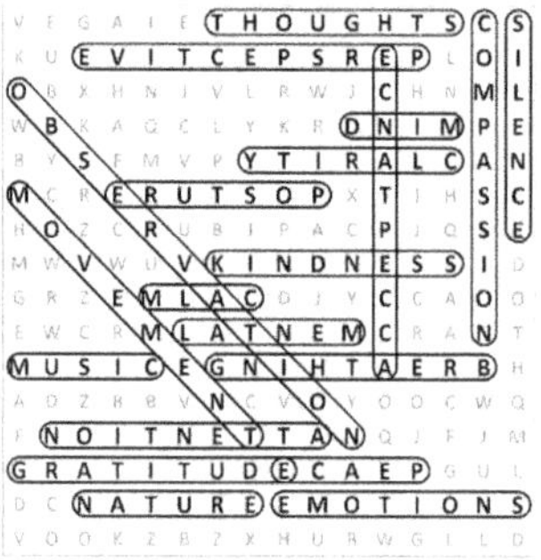

69 - Café

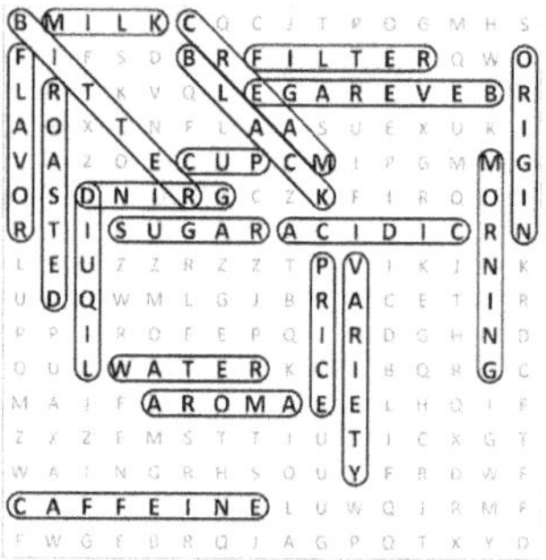

70 - Libros

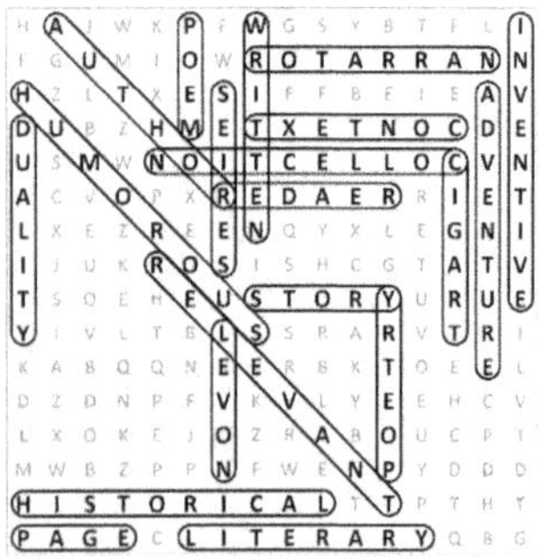

71 - Nutrición

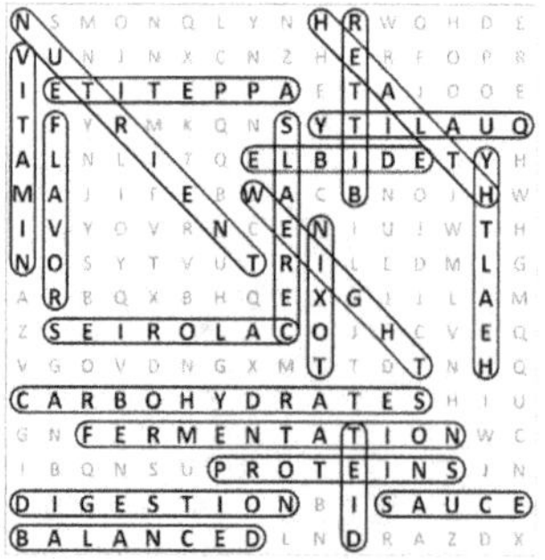

72 - Edificios

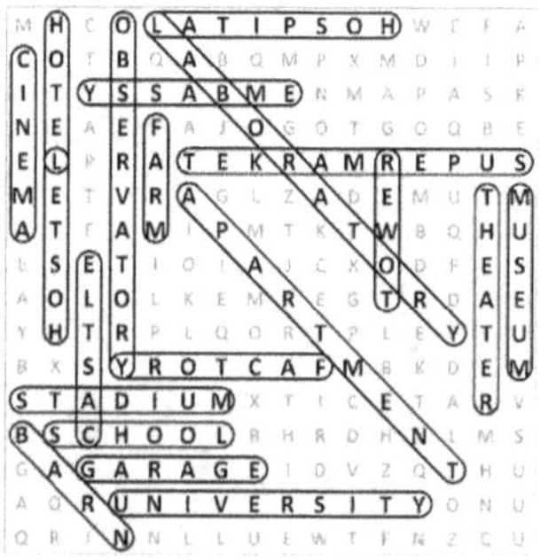

73 - Océano

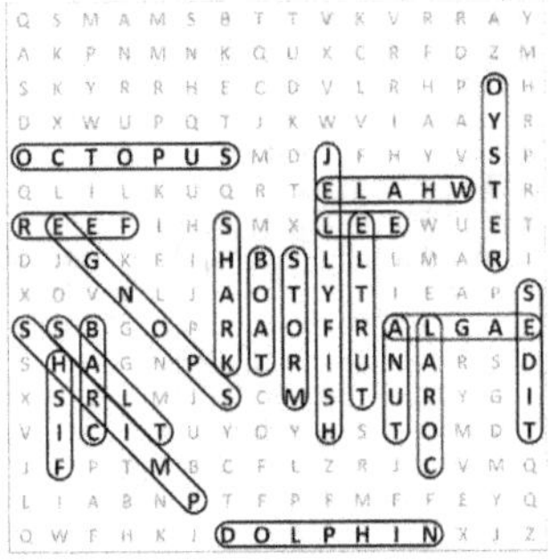

74 - Agronomía

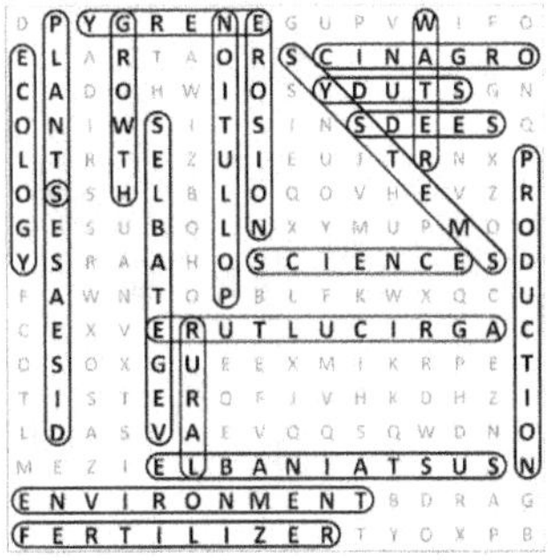

75 - Deporte

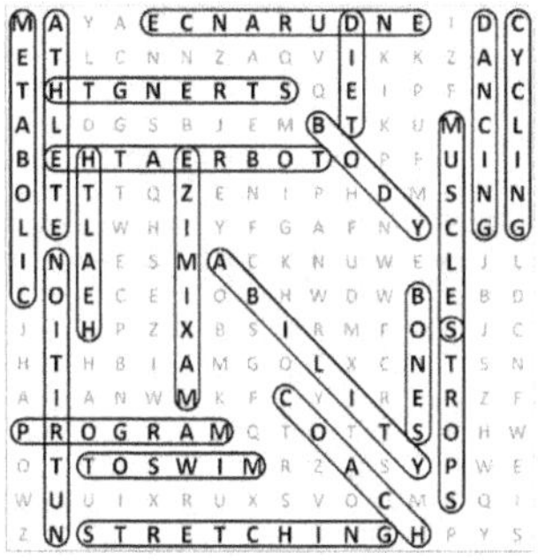

76 - Actividades y Ocio

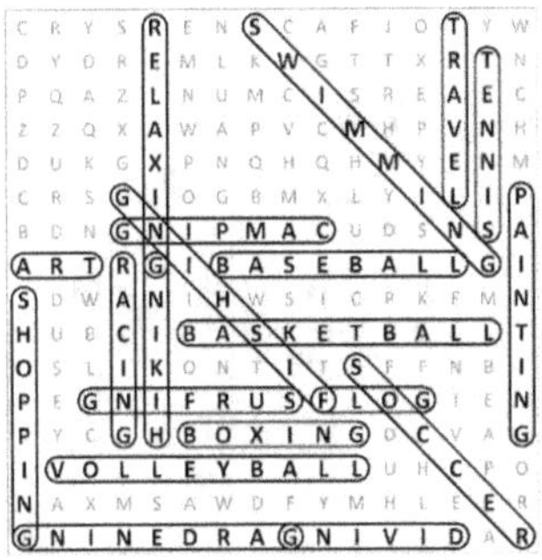

77 - Ingeniería

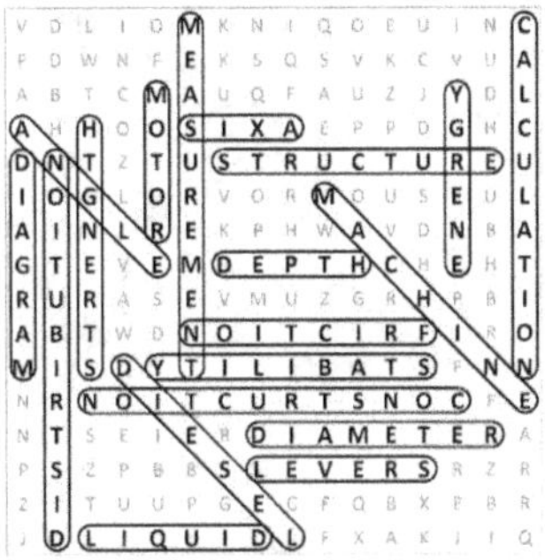

78 - Comida #1

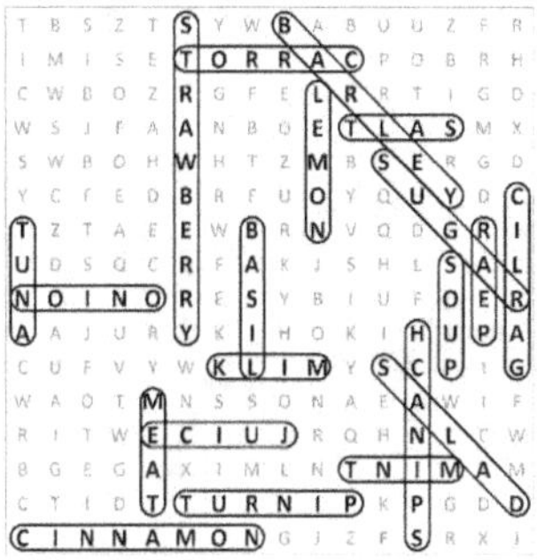

79 - Antigüedades

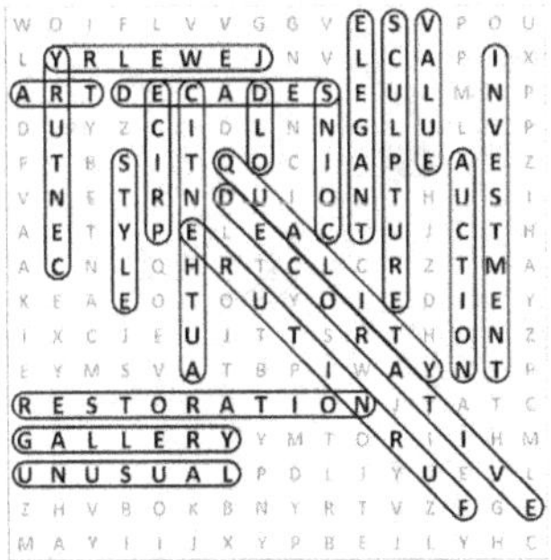

80 - Literatura

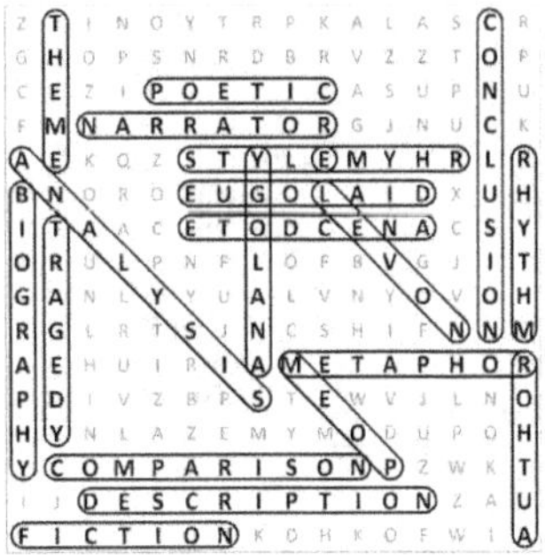

81 - Química

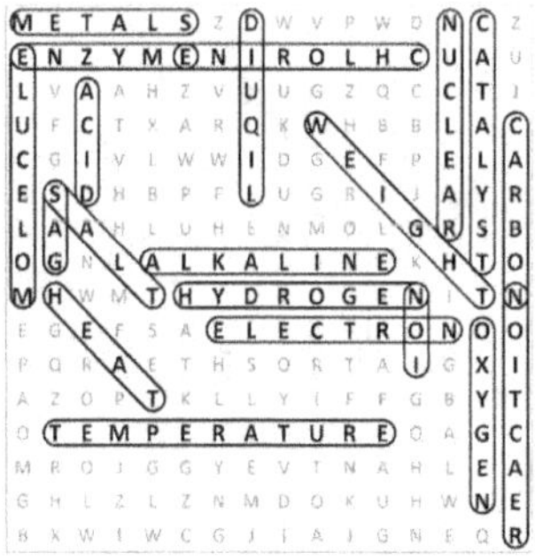

82 - Gobierno

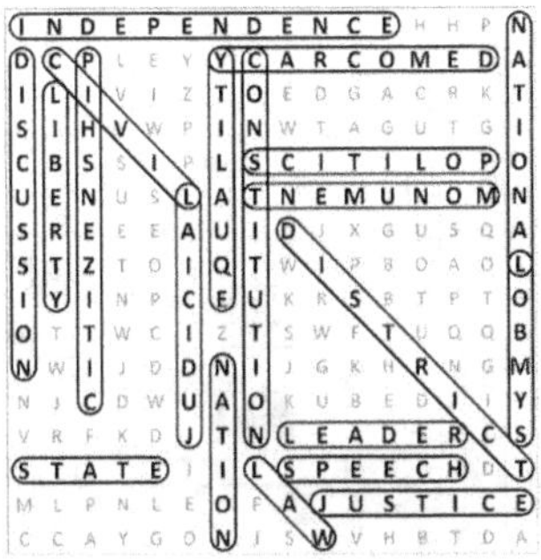

83 - Creatividad

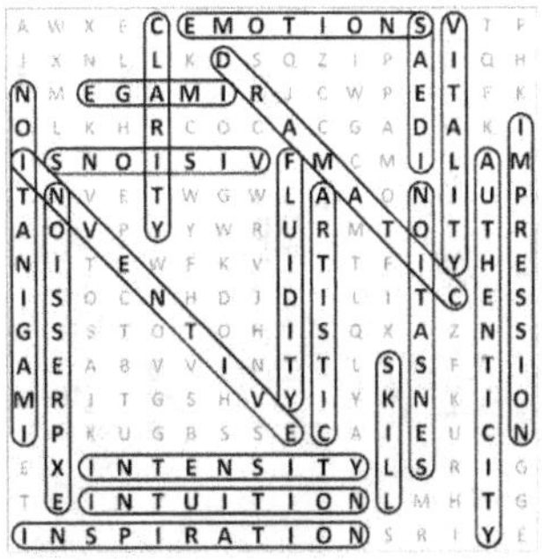

84 - Filantropía

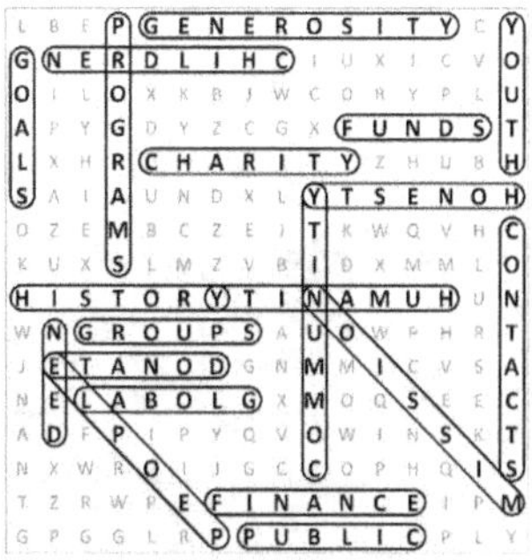

85 - Comida #2

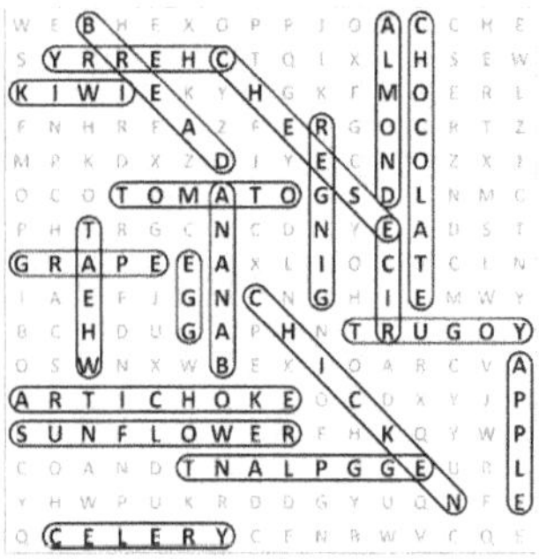

86 - Arte

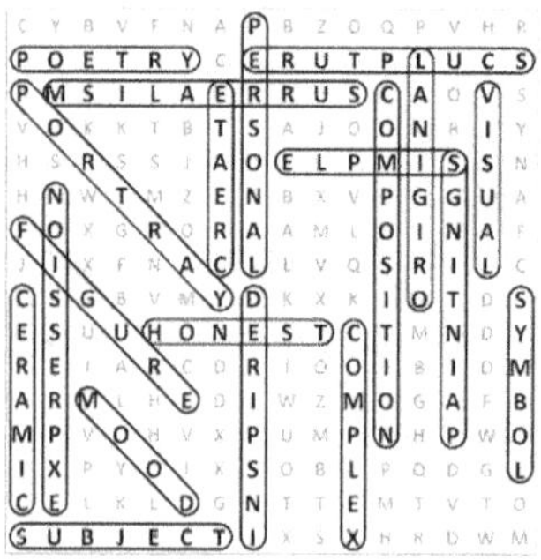

87 - Diplomacia

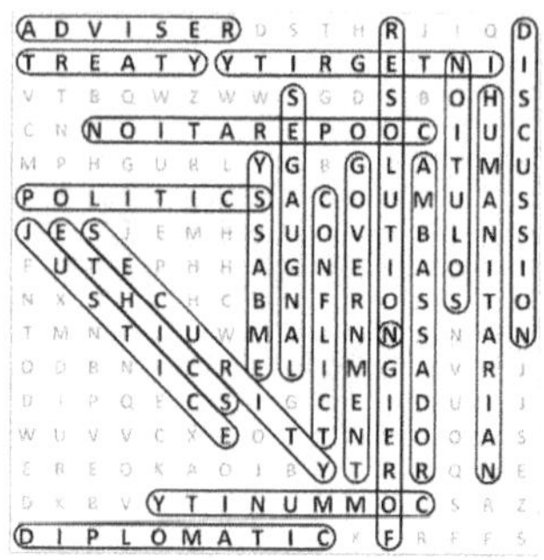

88 - Herboristería

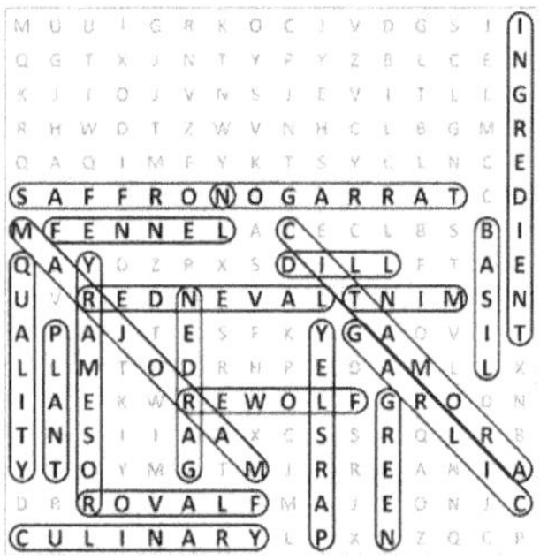

89 - Energía

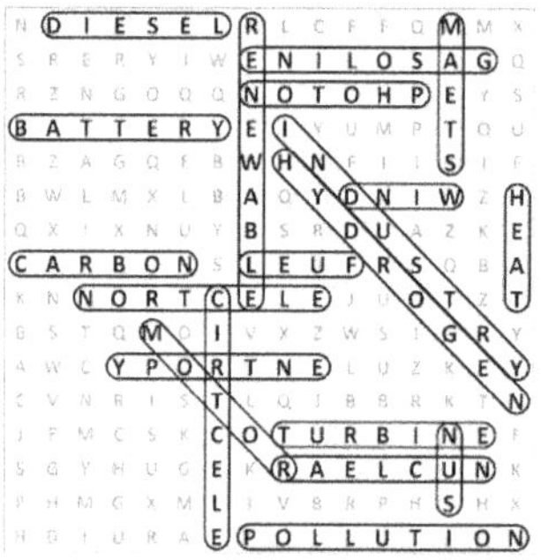

90 - Insectos

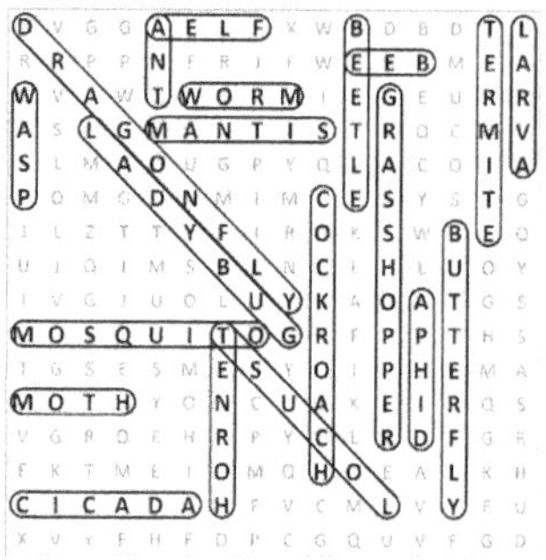

91 - Especias

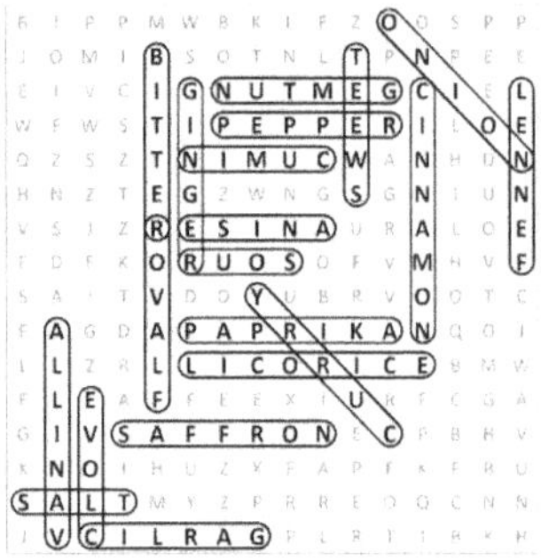

92 - Emociones

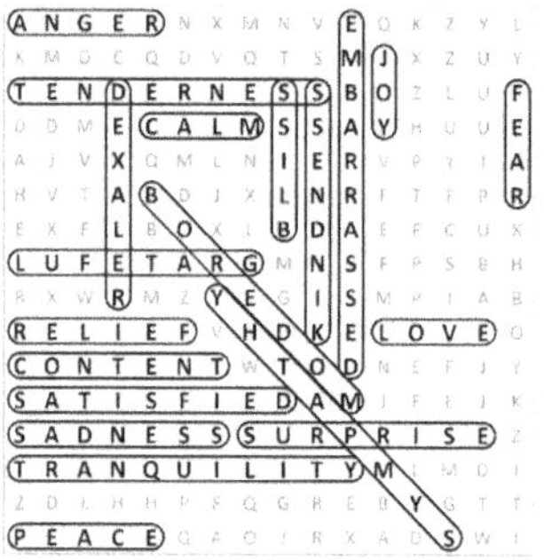

93 - Jazz

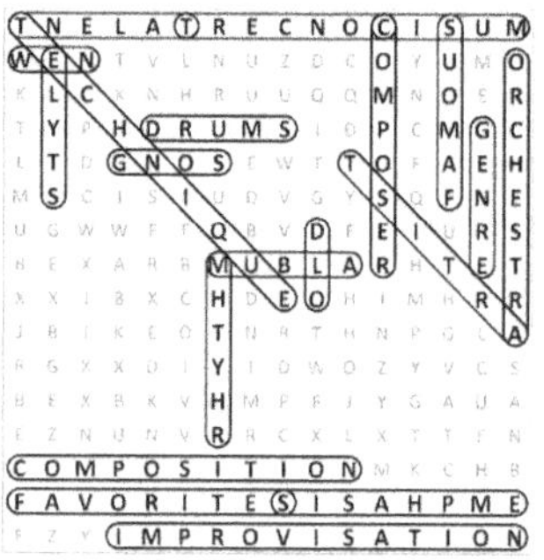

94 - Mediciones

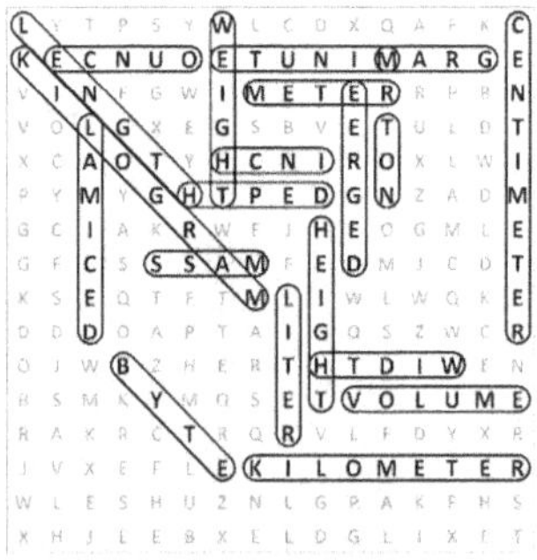

95 - Barcos

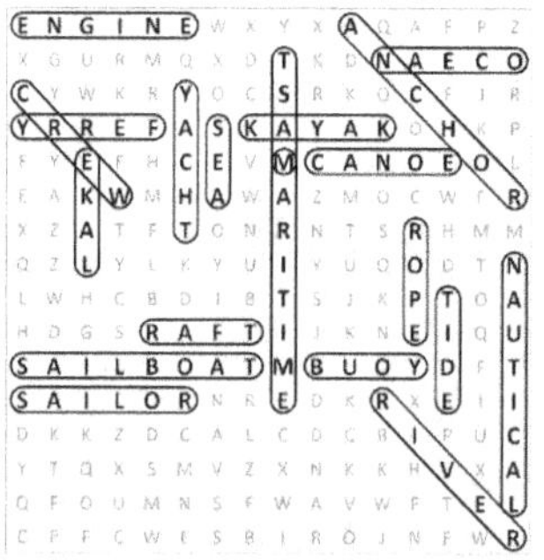

96 - Antártida

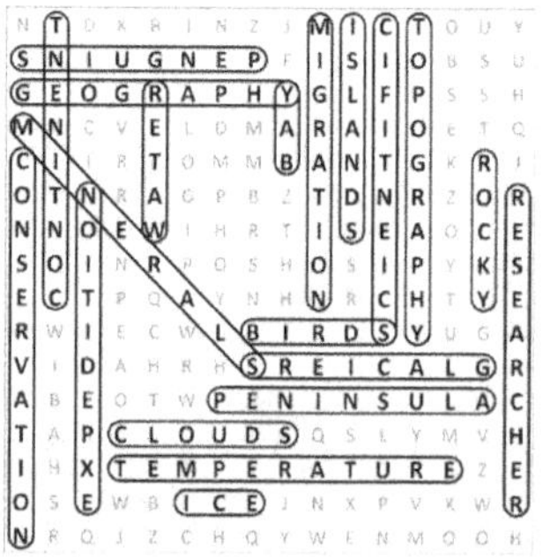

97 - Mamíferos

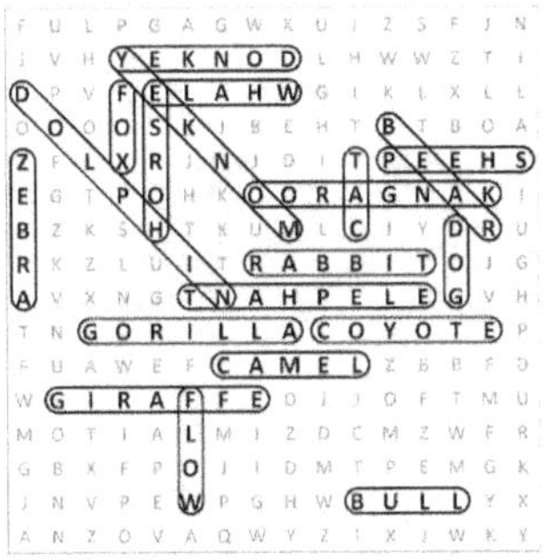

98 - Boxeo

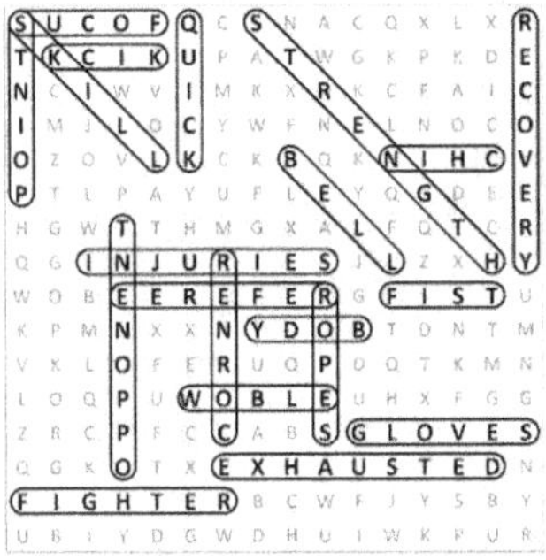

99 - Abejas

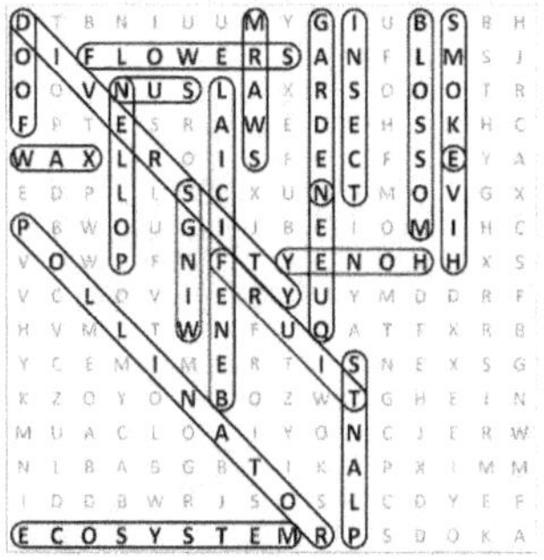

100 - Psicología

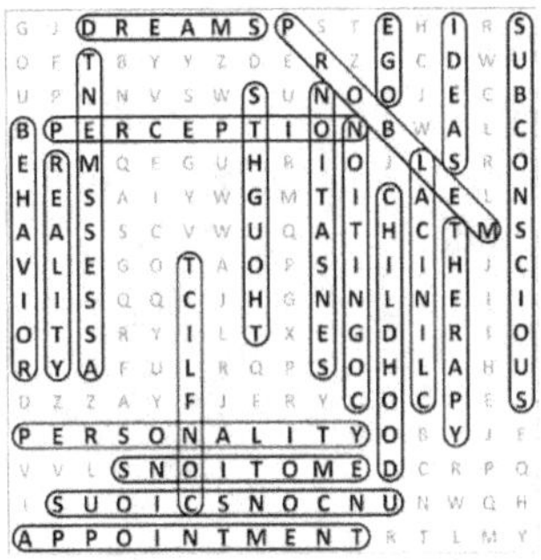

Diccionario

Abejas
Bees

Alas	Wings
Beneficioso	Beneficial
Cera	Wax
Colmena	Hive
Comida	Food
Diversidad	Diversity
Ecosistema	Ecosystem
Enjambre	Swarm
Flor	Blossom
Flores	Flowers
Fruta	Fruit
Humo	Smoke
Insecto	Insect
Jardín	Garden
Miel	Honey
Plantas	Plants
Polen	Pollen
Polinizador	Pollinator
Reina	Queen
Sol	Sun

Actividades
Activities

Actividad	Activity
Arte	Art
Artesanía	Crafts
Caza	Hunting
Cerámica	Ceramics
Costura	Sewing
Fotografía	Photography
Habilidad	Skill
Intereses	Interests
Jardinería	Gardening
Juegos	Games
Lectura	Reading
Magia	Magic
Ocio	Leisure
Pesca	Fishing
Pintura	Painting
Placer	Pleasure
Relajación	Relaxation
Rompecabezas	Puzzles
Senderismo	Hiking

Actividades y Ocio
Activities and Leisure

Arte	Art
Baloncesto	Basketball
Béisbol	Baseball
Boxeo	Boxing
Buceo	Diving
Camping	Camping
Carreras	Racing
Compras	Shopping
Fútbol	Soccer
Golf	Golf
Jardinería	Gardening
Natación	Swimming
Pesca	Fishing
Pintura	Painting
Relajante	Relaxing
Senderismo	Hiking
Surf	Surfing
Tenis	Tennis
Viaje	Travel
Voleibol	Volleyball

Adjetivos #1
Adjectives #1

Absoluto	Absolute
Activo	Active
Ambicioso	Ambitious
Aromático	Aromatic
Atractivo	Attractive
Brillante	Bright
Enorme	Huge
Generoso	Generous
Grande	Large
Honesto	Honest
Importante	Important
Inocente	Innocent
Joven	Young
Lento	Slow
Moderno	Modern
Oscuro	Dark
Perfecto	Perfect
Pesado	Heavy
Serio	Serious
Valioso	Valuable

Adjetivos #2
Adjectives #2

Cansado	Tired
Comestible	Edible
Creativo	Creative
Descriptivo	Descriptive
Dramático	Dramatic
Elegante	Elegant
Famoso	Famous
Fresco	Fresh
Fuerte	Strong
Interesante	Interesting
Natural	Natural
Normal	Normal
Nuevo	New
Orgulloso	Proud
Picante	Spicy
Productivo	Productive
Responsable	Responsible
Salado	Salty
Saludable	Healthy
Seco	Dry

Agronomía
Agronomy

Agricultura	Agriculture
Agua	Water
Ciencia	Science
Contaminación	Pollution
Crecimiento	Growth
Ecología	Ecology
Energía	Energy
Enfermedades	Diseases
Erosión	Erosion
Estudio	Study
Fertilizante	Fertilizer
Medio Ambiente	Environment
Orgánico	Organic
Plantas	Plants
Producción	Production
Rural	Rural
Semillas	Seeds
Sistemas	Systems
Sostenible	Sustainable
Verduras	Vegetables

Antártida
Antarctica

Agua	Water
Bahía	Bay
Científico	Scientific
Conservación	Conservation
Continente	Continent
Expedición	Expedition
Geografía	Geography
Glaciares	Glaciers
Hielo	Ice
Investigador	Researcher
Islas	Islands
Migración	Migration
Minerales	Minerals
Nubes	Clouds
Pájaros	Birds
Península	Peninsula
Pingüinos	Penguins
Rocoso	Rocky
Temperatura	Temperature
Topografía	Topography

Antigüedades
Antiques

Arte	Art
Auténtico	Authentic
Calidad	Quality
Decorativo	Decorative
Décadas	Decades
Elegante	Elegant
Escultura	Sculpture
Estilo	Style
Galería	Gallery
Inusual	Unusual
Inversión	Investment
Joyas	Jewelry
Monedas	Coins
Mueble	Furniture
Precio	Price
Restauración	Restoration
Siglo	Century
Subasta	Auction
Valor	Value
Viejo	Old

Arqueología
Archeology

Análisis	Analysis
Antigüedad	Antiquity
Años	Years
Civilización	Civilization
Descendiente	Descendant
Desconocido	Unknown
Equipo	Team
Era	Era
Evaluación	Evaluation
Experto	Expert
Fósil	Fossil
Huesos	Bones
Investigador	Researcher
Misterio	Mystery
Objetos	Objects
Olvidado	Forgotten
Profesor	Professor
Reliquia	Relic
Templo	Temple
Tumba	Tomb

Arte
Art

Cerámica	Ceramic
Complejo	Complex
Composición	Composition
Crear	Create
Escultura	Sculpture
Expresión	Expression
Figura	Figure
Honesto	Honest
Humor	Mood
Inspirado	Inspired
Original	Original
Personal	Personal
Pinturas	Paintings
Poesía	Poetry
Retratar	Portray
Sencillo	Simple
Símbolo	Symbol
Surrealismo	Surrealism
Tema	Subject
Visual	Visual

Astronomía
Astronomy

Asteroide	Asteroid
Astronauta	Astronaut
Astrónomo	Astronomer
Cielo	Sky
Cohete	Rocket
Constelación	Constellation
Cosmos	Cosmos
Eclipse	Eclipse
Equinoccio	Equinox
Galaxia	Galaxy
Luna	Moon
Meteoro	Meteor
Observatorio	Observatory
Planeta	Planet
Radiación	Radiation
Satélite	Satellite
Supernova	Supernova
Telescopio	Telescope
Tierra	Earth
Universo	Universe

Aventura
Adventure

Actividad	Activity
Alegría	Joy
Amigos	Friends
Belleza	Beauty
Destino	Destination
Dificultad	Difficulty
Entusiasmo	Enthusiasm
Excursión	Excursion
Inusual	Unusual
Itinerario	Itinerary
Naturaleza	Nature
Navegación	Navigation
Nuevo	New
Oportunidad	Chance
Peligroso	Dangerous
Preparación	Preparation
Seguridad	Safety
Sorprendente	Surprising
Valentía	Bravery
Viajes	Travels

Aviones
Airplanes

Aire	Air
Altitud	Altitude
Altura	Height
Aterrizaje	Landing
Atmósfera	Atmosphere
Aventura	Adventure
Cielo	Sky
Combustible	Fuel
Construcción	Construction
Dirección	Direction
Diseño	Design
Globo	Balloon
Hélices	Propellers
Hidrógeno	Hydrogen
Historia	History
Motor	Engine
Pasajero	Passenger
Piloto	Pilot
Tripulación	Crew
Turbulencia	Turbulence

Álgebra
Algebra

Cantidad	Quantity
Cero	Zero
Diagrama	Diagram
División	Division
Ecuación	Equation
Exponente	Exponent
Factor	Factor
Falso	False
Fórmula	Formula
Fracción	Fraction
Infinito	Infinite
Lineal	Linear
Matriz	Matrix
Número	Number
Paréntesis	Parenthesis
Problema	Problem
Resta	Subtraction
Simplificar	Simplify
Solución	Solution
Variable	Variable

Baile
Dance

Academia	Academy
Alegre	Joyful
Arte	Art
Clásico	Classical
Coreografía	Choreography
Cuerpo	Body
Cultura	Culture
Cultural	Cultural
Emoción	Emotion
Ensayo	Rehearsal
Expresivo	Expressive
Gracia	Grace
Movimiento	Movement
Música	Music
Postura	Posture
Ritmo	Rhythm
Saltar	Jump
Socio	Partner
Tradicional	Traditional
Visual	Visual

Ballet
Ballet

Aplauso	Applause
Artístico	Artistic
Audiencia	Audience
Bailarina	Ballerina
Bailarines	Dancers
Compositor	Composer
Coreografía	Choreography
Ensayo	Rehearsal
Estilo	Style
Expresivo	Expressive
Gesto	Gesture
Habilidad	Skill
Intensidad	Intensity
Lecciones	Lessons
Músculos	Muscles
Música	Music
Orquesta	Orchestra
Práctica	Practice
Ritmo	Rhythm
Técnica	Technique

Barbacoas
Barbecues

Almuerzo	Lunch
Caliente	Hot
Cebollas	Onions
Cena	Dinner
Cuchillos	Knives
Ensaladas	Salads
Familia	Family
Fruta	Fruit
Hambre	Hunger
Juegos	Games
Música	Music
Niños	Children
Parrilla	Grill
Pimienta	Pepper
Pollo	Chicken
Sal	Salt
Salsa	Sauce
Tomates	Tomatoes
Verano	Summer
Verduras	Vegetables

Barcos
Boats

Ancla	Anchor
Balsa	Raft
Boya	Buoy
Canoa	Canoe
Cuerda	Rope
Ferry	Ferry
Kayak	Kayak
Lago	Lake
Mar	Sea
Marea	Tide
Marinero	Sailor
Marítimo	Maritime
Mástil	Mast
Motor	Engine
Náutico	Nautical
Océano	Ocean
Río	River
Tripulación	Crew
Velero	Sailboat
Yate	Yacht

Belleza
Beauty

Aceites	Oils
Aroma	Scent
Champú	Shampoo
Color	Color
Cosméticos	Cosmetics
Elegancia	Elegance
Elegante	Elegant
Encanto	Charm
Espejo	Mirror
Estilista	Stylist
Fotogénico	Photogenic
Fragancia	Fragrance
Gracia	Grace
Maquillaje	Makeup
Piel	Skin
Pintalabios	Lipstick
Rizos	Curls
Rímel	Mascara
Servicios	Services
Tijeras	Scissors

Biología
Biology

Anatomía	Anatomy
Bacterias	Bacteria
Celda	Cell
Colágeno	Collagen
Cromosoma	Chromosome
Embrión	Embryo
Enzima	Enzyme
Evolución	Evolution
Hormona	Hormone
Mamífero	Mammal
Mutación	Mutation
Natural	Natural
Nervio	Nerve
Neurona	Neuron
Ósmosis	Osmosis
Plantas	Plants
Proteína	Protein
Reptil	Reptile
Simbiosis	Symbiosis
Sinapsis	Synapse

Boxeo
Boxing

Árbitro	Referee
Barbilla	Chin
Campana	Bell
Centrar	Focus
Codo	Elbow
Cuerdas	Ropes
Cuerpo	Body
Esquina	Corner
Exhausto	Exhausted
Fuerza	Strength
Guantes	Gloves
Habilidad	Skill
Lesiones	Injuries
Luchador	Fighter
Oponente	Opponent
Patear	Kick
Puntos	Points
Puño	Fist
Rápido	Quick
Recuperación	Recovery

Café
Coffee

Agua	Water
Amargo	Bitter
Aroma	Aroma
Asado	Roasted
Azúcar	Sugar
Ácido	Acidic
Bebida	Beverage
Cafeína	Caffeine
Crema	Cream
Filtro	Filter
Leche	Milk
Líquido	Liquid
Mañana	Morning
Moler	Grind
Negro	Black
Origen	Origin
Precio	Price
Sabor	Flavor
Taza	Cup
Variedad	Variety

Calentamiento Global
Global Warming

Ahora	Now
Ambiental	Environmental
Atención	Attention
Ártico	Arctic
Científico	Scientist
Clima	Climate
Consecuencias	Consequences
Crisis	Crisis
Datos	Data
Desarrollo	Development
Energía	Energy
Futuro	Future
Gas	Gas
Generaciones	Generations
Gobierno	Government
Industria	Industry
Internacional	International
Legislación	Legislation
Poblaciones	Populations
Temperaturas	Temperatures

Camping
Camping

Animales	Animals
Aventura	Adventure
Árboles	Trees
Bosque	Forest
Brújula	Compass
Cabina	Cabin
Canoa	Canoe
Caza	Hunting
Cuerda	Rope
Equipo	Equipment
Fuego	Fire
Hamaca	Hammock
Insecto	Insect
Lago	Lake
Linterna	Lantern
Luna	Moon
Mapa	Map
Montaña	Mountain
Naturaleza	Nature
Sombrero	Hat

Casa
House

Alfombra	Rug
Ático	Attic
Biblioteca	Library
Chimenea	Fireplace
Cocina	Kitchen
Dormitorio	Bedroom
Ducha	Shower
Escoba	Broom
Espejo	Mirror
Garaje	Garage
Grifo	Faucet
Jardín	Garden
Lámpara	Lamp
Pared	Wall
Piso	Floor
Puerta	Door
Sótano	Basement
Techo	Roof
Valla	Fence
Ventana	Window

Chocolate
Chocolate

Amargo	Bitter
Antioxidante	Antioxidant
Aroma	Aroma
Artesanal	Artisanal
Azúcar	Sugar
Cacahuetes	Peanuts
Cacao	Cacao
Calidad	Quality
Calorías	Calories
Caramelo	Caramel
Coco	Coconut
Delicioso	Delicious
Dulce	Sweet
Exótico	Exotic
Favorito	Favorite
Gusto	Taste
Ingrediente	Ingredient
Polvo	Powder
Receta	Recipe
Sabor	Flavor

Ciencia
Science

Átomo	Atom
Científico	Scientist
Clima	Climate
Datos	Data
Evolución	Evolution
Experimento	Experiment
Física	Physics
Fósil	Fossil
Gravedad	Gravity
Hecho	Fact
Hipótesis	Hypothesis
Laboratorio	Laboratory
Método	Method
Minerales	Minerals
Moléculas	Molecules
Naturaleza	Nature
Organismo	Organism
Partículas	Particles
Plantas	Plants
Químico	Chemical

Ciencia Ficción
Science Fiction

Atómico	Atomic
Cine	Cinema
Distante	Distant
Explosión	Explosion
Extremo	Extreme
Fantástico	Fantastic
Fuego	Fire
Futurista	Futuristic
Galaxia	Galaxy
Ilusión	Illusion
Imaginario	Imaginary
Libros	Books
Misterioso	Mysterious
Mundo	World
Oráculo	Oracle
Planeta	Planet
Realista	Realistic
Robots	Robots
Tecnología	Technology
Utopía	Utopia

Cocina
Kitchen

Caldera	Kettle
Comer	To Eat
Comida	Food
Congelador	Freezer
Cucharas	Spoons
Cucharón	Ladle
Cuchillos	Knives
Delantal	Apron
Especias	Spices
Esponja	Sponge
Horno	Oven
Jarra	Jug
Palillos	Chopsticks
Parrilla	Grill
Receta	Recipe
Refrigerador	Refrigerator
Servilleta	Napkin
Tazas	Cups
Tazón	Bowl
Tenedores	Forks

Colores
Colors

Amarillo	Yellow
Azul	Blue
Azur	Azure
Beige	Beige
Blanco	White
Carmesí	Crimson
Cian	Cyan
Fucsia	Fuchsia
Gris	Grey
Índigo	Indigo
Magenta	Magenta
Marrón	Brown
Naranja	Orange
Negro	Black
Púrpura	Purple
Rojo	Red
Rosa	Pink
Sepia	Sepia
Verde	Green
Violeta	Violet

Comida #1
Food #1

Ajo	Garlic
Albahaca	Basil
Atún	Tuna
Azúcar	Sugar
Canela	Cinnamon
Carne	Meat
Cebada	Barley
Cebolla	Onion
Ensalada	Salad
Espinacas	Spinach
Fresa	Strawberry
Jugo	Juice
Leche	Milk
Limón	Lemon
Menta	Mint
Nabo	Turnip
Pera	Pear
Sal	Salt
Sopa	Soup
Zanahoria	Carrot

Comida #2
Food #2

Alcachofa	Artichoke
Almendra	Almond
Apio	Celery
Arroz	Rice
Berenjena	Eggplant
Cereza	Cherry
Chocolate	Chocolate
Girasol	Sunflower
Huevo	Egg
Jengibre	Ginger
Kiwi	Kiwi
Manzana	Apple
Pan	Bread
Plátano	Banana
Pollo	Chicken
Queso	Cheese
Tomate	Tomato
Trigo	Wheat
Uva	Grape
Yogur	Yogurt

Conduciendo
Driving

Accidente	Accident
Autobús	Bus
Calle	Street
Camión	Truck
Coche	Car
Combustible	Fuel
Frenos	Brakes
Garaje	Garage
Gas	Gas
Licencia	License
Mapa	Map
Motocicleta	Motorcycle
Motor	Motor
Peatonal	Pedestrian
Peligro	Danger
Policía	Police
Seguridad	Safety
Tráfico	Traffic
Túnel	Tunnel
Velocidad	Speed

Creatividad
Creativity

Artístico	Artistic
Autenticidad	Authenticity
Claridad	Clarity
Dramático	Dramatic
Emociones	Emotions
Espontáneo	Spontaneous
Expresión	Expression
Fluidez	Fluidity
Habilidad	Skill
Ideas	Ideas
Imagen	Image
Imaginación	Imagination
Impresión	Impression
Inspiración	Inspiration
Intensidad	Intensity
Intuición	Intuition
Inventivo	Inventive
Sensación	Sensation
Visiones	Visions
Vitalidad	Vitality

Cuerpo Humano
Human Body

Barbilla	Chin
Boca	Mouth
Cabeza	Head
Cara	Face
Cerebro	Brain
Codo	Elbow
Corazón	Heart
Cuello	Neck
Dedo	Finger
Hombro	Shoulder
Lengua	Tongue
Mano	Hand
Nariz	Nose
Ojo	Eye
Oreja	Ear
Piel	Skin
Pierna	Leg
Rodilla	Knee
Sangre	Blood
Tobillo	Ankle

Deporte
Sport

Atleta	Athlete
Baile	Dancing
Capacidad	Ability
Ciclismo	Cycling
Cuerpo	Body
Deportes	Sports
Dieta	Diet
Entrenador	Coach
Estiramiento	Stretching
Fuerza	Strength
Huesos	Bones
Maximizar	Maximize
Metabólico	Metabolic
Músculos	Muscles
Nadar	To Swim
Nutrición	Nutrition
Programa	Program
Resistencia	Endurance
Respirar	To Breathe
Salud	Health

Diplomacia
Diplomacy

Asesor	Adviser
Comunidad	Community
Conflicto	Conflict
Cooperación	Cooperation
Diplomático	Diplomatic
Discusión	Discussion
Embajada	Embassy
Embajador	Ambassador
Extranjero	Foreign
Ética	Ethics
Gobierno	Government
Humanitario	Humanitarian
Idiomas	Languages
Integridad	Integrity
Justicia	Justice
Política	Politics
Resolución	Resolution
Seguridad	Security
Solución	Solution
Tratado	Treaty

Disciplinas Científicas
Scientific Disciplines

Anatomía	Anatomy
Arqueología	Archaeology
Astronomía	Astronomy
Biología	Biology
Bioquímica	Biochemistry
Botánica	Botany
Ecología	Ecology
Fisiología	Physiology
Geología	Geology
Inmunología	Immunology
Lingüística	Linguistics
Mecánica	Mechanics
Meteorología	Meteorology
Mineralogía	Mineralogy
Neurología	Neurology
Nutrición	Nutrition
Psicología	Psychology
Química	Chemistry
Sociología	Sociology
Zoología	Zoology

Días y Meses
Days and Months

Abril	April
Agosto	August
Año	Year
Calendario	Calendar
Domingo	Sunday
Enero	January
Febrero	February
Jueves	Thursday
Julio	July
Junio	June
Lunes	Monday
Martes	Tuesday
Mes	Month
Miércoles	Wednesday
Noviembre	November
Octubre	October
Sábado	Saturday
Semana	Week
Septiembre	September
Viernes	Friday

Ecología
Ecology

Clima	Climate
Comunidades	Communities
Diversidad	Diversity
Especie	Species
Fauna	Fauna
Flora	Flora
Global	Global
Hábitat	Habitat
Marino	Marine
Natural	Natural
Naturaleza	Nature
Pantano	Marsh
Plantas	Plants
Recursos	Resources
Sequía	Drought
Sostenible	Sustainable
Supervivencia	Survival
Variedad	Variety
Vegetación	Vegetation
Voluntarios	Volunteers

Edificios
Buildings

Albergue	Hostel
Apartamento	Apartment
Castillo	Castle
Cine	Cinema
Embajada	Embassy
Escuela	School
Estadio	Stadium
Fábrica	Factory
Garaje	Garage
Granero	Barn
Granja	Farm
Hospital	Hospital
Hotel	Hotel
Laboratorio	Laboratory
Museo	Museum
Observatorio	Observatory
Supermercado	Supermarket
Teatro	Theater
Torre	Tower
Universidad	University

Electricidad
Electricity

Almacenamiento	Storage
Batería	Battery
Bombilla	Bulb
Cable	Cable
Cables	Wires
Cantidad	Quantity
Electricista	Electrician
Eléctrico	Electric
Enchufe	Socket
Equipo	Equipment
Generador	Generator
Imán	Magnet
Lámpara	Lamp
Láser	Laser
Negativo	Negative
Objetos	Objects
Positivo	Positive
Red	Network
Televisión	Television
Teléfono	Telephone

Emociones
Emotions

Aburrimiento	Boredom
Agradecido	Grateful
Alegría	Joy
Alivio	Relief
Amor	Love
Avergonzado	Embarrassed
Beatitud	Bliss
Bondad	Kindness
Calma	Calm
Contenido	Content
Ira	Anger
Miedo	Fear
Paz	Peace
Relajado	Relaxed
Satisfecho	Satisfied
Simpatía	Sympathy
Sorpresa	Surprise
Ternura	Tenderness
Tranquilidad	Tranquility
Tristeza	Sadness

Energía
Energy

Batería	Battery
Calor	Heat
Carbono	Carbon
Combustible	Fuel
Contaminación	Pollution
Diesel	Diesel
Electrón	Electron
Eléctrico	Electric
Entropía	Entropy
Fotón	Photon
Gasolina	Gasoline
Hidrógeno	Hydrogen
Industria	Industry
Motor	Motor
Nuclear	Nuclear
Renovable	Renewable
Sol	Sun
Turbina	Turbine
Vapor	Steam
Viento	Wind

Enfermedad
Disease

Abdominal	Abdominal
Alergias	Allergies
Bienestar	Wellness
Contagioso	Contagious
Corazón	Heart
Crónica	Chronic
Cuerpo	Body
Débil	Weak
Genético	Genetic
Hereditario	Hereditary
Huesos	Bones
Inflamación	Inflammation
Inmunidad	Immunity
Lumbar	Lumbar
Neuropatía	Neuropathy
Pulmonar	Pulmonary
Respiratorio	Respiratory
Salud	Health
Síndrome	Syndrome
Terapia	Therapy

Especias
Spices

Agrio	Sour
Ajo	Garlic
Amargo	Bitter
Anís	Anise
Azafrán	Saffron
Canela	Cinnamon
Cebolla	Onion
Clavo	Clove
Comino	Cumin
Curry	Curry
Dulce	Sweet
Hinojo	Fennel
Jengibre	Ginger
Nuez Moscada	Nutmeg
Pimentón	Paprika
Pimienta	Pepper
Regaliz	Licorice
Sabor	Flavor
Sal	Salt
Vainilla	Vanilla

Ética
Ethics

Altruismo	Altruism
Bondad	Kindness
Compasión	Compassion
Cooperación	Cooperation
Dignidad	Dignity
Diplomático	Diplomatic
Filosofía	Philosophy
Honestidad	Honesty
Humanidad	Humanity
Individualismo	Individualism
Integridad	Integrity
Optimismo	Optimism
Paciencia	Patience
Racionalidad	Rationality
Razonable	Reasonable
Realismo	Realism
Respetuoso	Respectful
Sabiduría	Wisdom
Tolerancia	Tolerance
Valores	Values

Familia
Family

Abuela	Grandmother
Abuelo	Grandfather
Antepasado	Ancestor
Esposa	Wife
Hermana	Sister
Hermano	Brother
Hija	Daughter
Infancia	Childhood
Madre	Mother
Marido	Husband
Materno	Maternal
Nieto	Grandson
Niño	Child
Niños	Children
Padre	Father
Primo	Cousin
Sobrina	Niece
Sobrino	Nephew
Tía	Aunt
Tío	Uncle

Filantropía
Philanthropy

Caridad	Charity
Comunidad	Community
Contactos	Contacts
Donar	Donate
Finanzas	Finance
Fondos	Funds
Generosidad	Generosity
Gente	People
Global	Global
Grupos	Groups
Historia	History
Honestidad	Honesty
Humanidad	Humanity
Juventud	Youth
Metas	Goals
Misión	Mission
Necesitar	Need
Niños	Children
Programas	Programs
Público	Public

Física
Physics

Aceleración	Acceleration
Átomo	Atom
Caos	Chaos
Densidad	Density
Electrón	Electron
Fórmula	Formula
Frecuencia	Frequency
Gas	Gas
Gravedad	Gravity
Magnetismo	Magnetism
Masa	Mass
Mecánica	Mechanics
Molécula	Molecule
Motor	Engine
Nuclear	Nuclear
Partícula	Particle
Químico	Chemical
Relatividad	Relativity
Universal	Universal
Velocidad	Velocity

Flores
Flowers

Amapola	Poppy
Caléndula	Calendula
Diente de León	Dandelion
Gardenia	Gardenia
Girasol	Sunflower
Hibisco	Hibiscus
Jazmín	Jasmine
Lavanda	Lavender
Lila	Lilac
Lirio	Lily
Magnolia	Magnolia
Margarita	Daisy
Narciso	Daffodil
Orquídea	Orchid
Peonía	Peony
Pétalo	Petal
Ramo	Bouquet
Rosa	Rose
Trébol	Clover
Tulipán	Tulip

Formas
Shapes

Arco	Arc
Bordes	Edges
Cilindro	Cylinder
Círculo	Circle
Cono	Cone
Cuadrado	Square
Cubo	Cube
Curva	Curve
Elipse	Ellipse
Esfera	Sphere
Esquina	Corner
Hipérbola	Hyperbola
Lado	Side
Línea	Line
Oval	Oval
Pirámide	Pyramid
Polígono	Polygon
Prisma	Prism
Rectángulo	Rectangle
Triángulo	Triangle

Fruta
Fruit

Aguacate	Avocado
Albaricoque	Apricot
Baya	Berry
Cereza	Cherry
Coco	Coconut
Frambuesa	Raspberry
Guayaba	Guava
Kiwi	Kiwi
Limón	Lemon
Mango	Mango
Manzana	Apple
Melocotón	Peach
Melón	Melon
Naranja	Orange
Nectarina	Nectarine
Papaya	Papaya
Pera	Pear
Piña	Pineapple
Plátano	Banana
Uva	Grape

Fuerza y Gravedad
Force and Gravity

Centro	Center
Descubrimiento	Discovery
Dinámico	Dynamic
Distancia	Distance
Eje	Axis
Expansión	Expansion
Física	Physics
Fricción	Friction
Impacto	Impact
Magnetismo	Magnetism
Magnitud	Magnitude
Mecánica	Mechanics
Órbita	Orbit
Peso	Weight
Planetas	Planets
Presión	Pressure
Propiedades	Properties
Tiempo	Time
Universal	Universal
Velocidad	Speed

Geografía
Geography

Altitud	Altitude
Atlas	Atlas
Ciudad	City
Continente	Continent
Hemisferio	Hemisphere
Isla	Island
Latitud	Latitude
Longitud	Longitude
Mapa	Map
Mar	Sea
Meridiano	Meridian
Montaña	Mountain
Mundo	World
Norte	North
Oeste	West
País	Country
Región	Region
Río	River
Sur	South
Territorio	Territory

Geología
Geology

Ácido	Acid
Calcio	Calcium
Capa	Layer
Caverna	Cavern
Continente	Continent
Coral	Coral
Cristales	Crystals
Cuarzo	Quartz
Erosión	Erosion
Estalactita	Stalactite
Estalagmitas	Stalagmites
Fósil	Fossil
Géiser	Geyser
Lava	Lava
Meseta	Plateau
Minerales	Minerals
Piedra	Stone
Sal	Salt
Terremoto	Earthquake
Volcán	Volcano

Geometría
Geometry

Altura	Height
Ángulo	Angle
Cálculo	Calculation
Curva	Curve
Diámetro	Diameter
Dimensión	Dimension
Ecuación	Equation
Horizontal	Horizontal
Lógica	Logic
Masa	Mass
Mediana	Median
Número	Number
Paralelo	Parallel
Proporción	Proportion
Segmento	Segment
Simetría	Symmetry
Superficie	Surface
Teoría	Theory
Triángulo	Triangle
Vertical	Vertical

Gobierno
Government

Ciudadanía	Citizenship
Civil	Civil
Constitución	Constitution
Democracia	Democracy
Discurso	Speech
Discusión	Discussion
Distrito	District
Estado	State
Igualdad	Equality
Independencia	Independence
Judicial	Judicial
Justicia	Justice
Ley	Law
Libertad	Liberty
Líder	Leader
Monumento	Monument
Nacional	National
Nación	Nation
Política	Politics
Símbolo	Symbol

Granja #1
Farm #1

Abeja	Bee
Agricultura	Agriculture
Agua	Water
Arroz	Rice
Burro	Donkey
Caballo	Horse
Cabra	Goat
Campo	Field
Cuervo	Crow
Fertilizante	Fertilizer
Gato	Cat
Heno	Hay
Miel	Honey
Perro	Dog
Pollo	Chicken
Semillas	Seeds
Ternero	Calf
Tierra	Land
Vaca	Cow
Valla	Fence

Granja #2
Farm #2

Agricultor	Farmer
Animales	Animals
Cebada	Barley
Colmena	Beehive
Comida	Food
Cordero	Lamb
Fruta	Fruit
Granero	Barn
Huerto	Orchard
Leche	Milk
Llama	Llama
Maíz	Corn
Oveja	Sheep
Pastor	Shepherd
Pato	Duck
Prado	Meadow
Riego	Irrigation
Tractor	Tractor
Trigo	Wheat
Vegetal	Vegetable

Herboristería
Herbalism

Ajo	Garlic
Albahaca	Basil
Aromático	Aromatic
Azafrán	Saffron
Calidad	Quality
Culinario	Culinary
Eneldo	Dill
Estragón	Tarragon
Flor	Flower
Hinojo	Fennel
Ingrediente	Ingredient
Jardín	Garden
Lavanda	Lavender
Mejorana	Marjoram
Menta	Mint
Perejil	Parsley
Planta	Plant
Romero	Rosemary
Sabor	Flavor
Verde	Green

Ingeniería
Engineering

Ángulo	Angle
Cálculo	Calculation
Construcción	Construction
Diagrama	Diagram
Diámetro	Diameter
Diesel	Diesel
Distribución	Distribution
Eje	Axis
Energía	Energy
Estabilidad	Stability
Estructura	Structure
Fricción	Friction
Fuerza	Strength
Líquido	Liquid
Máquina	Machine
Medición	Measurement
Motor	Motor
Palancas	Levers
Profundidad	Depth
Propulsión	Propulsion

Insectos
Insects

Abeja	Bee
Avispa	Wasp
Avispón	Hornet
Áfido	Aphid
Cigarra	Cicada
Cucaracha	Cockroach
Escarabajo	Beetle
Gusano	Worm
Hormiga	Ant
Langosta	Locust
Larva	Larva
Libélula	Dragonfly
Mantis	Mantis
Mariposa	Butterfly
Mariquita	Ladybug
Mosquito	Mosquito
Polilla	Moth
Pulga	Flea
Saltamontes	Grasshopper
Termita	Termite

Instrumentos Musicales
Musical Instruments

Armónica	Harmonica
Arpa	Harp
Banjo	Banjo
Clarinete	Clarinet
Fagot	Bassoon
Flauta	Flute
Gong	Gong
Guitarra	Guitar
Mandolina	Mandolin
Marimba	Marimba
Oboe	Oboe
Pandereta	Tambourine
Percusión	Percussion
Piano	Piano
Saxofón	Saxophone
Tambor	Drum
Trombón	Trombone
Trompeta	Trumpet
Violín	Violin
Violonchelo	Cello

Jardinería
Gardening

Agua	Water
Botánico	Botanical
Clima	Climate
Comestible	Edible
Compost	Compost
Contenedor	Container
Especie	Species
Estacional	Seasonal
Exótico	Exotic
Flor	Blossom
Floral	Floral
Follaje	Foliage
Hoja	Leaf
Huerto	Orchard
Humedad	Moisture
Manguera	Hose
Ramo	Bouquet
Semillas	Seeds
Suciedad	Dirt
Suelo	Soil

Jardín
Garden

Arbusto	Bush
Árbol	Tree
Banco	Bench
Césped	Lawn
Estanque	Pond
Flor	Flower
Garaje	Garage
Hamaca	Hammock
Hierba	Grass
Huerto	Orchard
Jardín	Garden
Malezas	Weeds
Manguera	Hose
Pala	Shovel
Porche	Porch
Rastrillo	Rake
Suelo	Soil
Terraza	Terrace
Trampolín	Trampoline
Valla	Fence

Jazz
Jazz

Artista	Artist
Álbum	Album
Canción	Song
Composición	Composition
Compositor	Composer
Concierto	Concert
Estilo	Style
Énfasis	Emphasis
Famoso	Famous
Favoritos	Favorites
Género	Genre
Improvisación	Improvisation
Música	Music
Nuevo	New
Orquesta	Orchestra
Ritmo	Rhythm
Talento	Talent
Tambores	Drums
Técnica	Technique
Viejo	Old

Libros
Books

Autor	Author
Aventura	Adventure
Colección	Collection
Contexto	Context
Dualidad	Duality
Escrito	Written
Historia	Story
Histórico	Historical
Humorístico	Humorous
Inventivo	Inventive
Lector	Reader
Literario	Literary
Narrador	Narrator
Novela	Novel
Página	Page
Pertinente	Relevant
Poema	Poem
Poesía	Poetry
Serie	Series
Trágico	Tragic

Literatura
Literature

Analogía	Analogy
Análisis	Analysis
Anécdota	Anecdote
Autor	Author
Biografía	Biography
Comparación	Comparison
Conclusión	Conclusion
Descripción	Description
Diálogo	Dialogue
Estilo	Style
Ficción	Fiction
Metáfora	Metaphor
Narrador	Narrator
Novela	Novel
Poema	Poem
Poético	Poetic
Rima	Rhyme
Ritmo	Rhythm
Tema	Theme
Tragedia	Tragedy

Mamíferos
Mammals

Ballena	Whale
Burro	Donkey
Caballo	Horse
Camello	Camel
Canguro	Kangaroo
Cebra	Zebra
Conejo	Rabbit
Coyote	Coyote
Delfín	Dolphin
Elefante	Elephant
Gato	Cat
Gorila	Gorilla
Jirafa	Giraffe
Lobo	Wolf
Mono	Monkey
Oso	Bear
Oveja	Sheep
Perro	Dog
Toro	Bull
Zorro	Fox

Matemáticas
Math

Aritmética	Arithmetic
Ángulos	Angles
Circunferencia	Circumference
Decimal	Decimal
Diámetro	Diameter
Ecuación	Equation
Esfera	Sphere
Exponente	Exponent
Fracción	Fraction
Geometría	Geometry
Paralelo	Parallel
Paralelogramo	Parallelogram
Perímetro	Perimeter
Perpendicular	Perpendicular
Polígono	Polygon
Radio	Radius
Rectángulo	Rectangle
Simetría	Symmetry
Triángulo	Triangle
Volumen	Volume

Mediciones
Measurements

Altura	Height
Ancho	Width
Byte	Byte
Centímetro	Centimeter
Decimal	Decimal
Grado	Degree
Gramo	Gram
Kilogramo	Kilogram
Kilómetro	Kilometer
Litro	Liter
Longitud	Length
Masa	Mass
Metro	Meter
Minuto	Minute
Onza	Ounce
Peso	Weight
Profundidad	Depth
Pulgada	Inch
Tonelada	Ton
Volumen	Volume

Meditación

Meditation

Aceptación	Acceptance
Atención	Attention
Bondad	Kindness
Calma	Calm
Claridad	Clarity
Compasión	Compassion
Emociones	Emotions
Gratitud	Gratitude
Mental	Mental
Mente	Mind
Movimiento	Movement
Música	Music
Naturaleza	Nature
Observación	Observation
Paz	Peace
Pensamientos	Thoughts
Perspectiva	Perspective
Postura	Posture
Respiración	Breathing
Silencio	Silence

Mitología

Mythology

Arquetipo	Archetype
Celos	Jealousy
Cielo	Heaven
Comportamiento	Behavior
Creación	Creation
Creencias	Beliefs
Criatura	Creature
Cultura	Culture
Desastre	Disaster
Fuerza	Strength
Guerrero	Warrior
Héroe	Hero
Inmortalidad	Immortality
Laberinto	Labyrinth
Leyenda	Legend
Monstruo	Monster
Mortal	Mortal
Rayo	Lightning
Trueno	Thunder
Venganza	Revenge

Moda

Fashion

Bordado	Embroidery
Botones	Buttons
Boutique	Boutique
Caro	Expensive
Elegante	Elegant
Encaje	Lace
Estilo	Style
Mediciones	Measurements
Minimalista	Minimalist
Moderno	Modern
Modesto	Modest
Original	Original
Patrón	Pattern
Práctico	Practical
Ropa	Clothing
Sencillo	Simple
Sofisticado	Sophisticated
Tejido	Fabric
Tendencia	Trend
Textura	Texture

Mueble

Furniture

Alfombra	Rug
Almohada	Pillow
Armario	Armoire
Banco	Bench
Cama	Bed
Cojines	Cushions
Colchón	Mattress
Cortinas	Curtains
Cómoda	Dresser
Edredones	Comforters
Escritorio	Desk
Espejo	Mirror
Estantería	Bookcase
Estantes	Shelves
Futón	Futon
Hamaca	Hammock
Lámpara	Lamp
Silla	Chair
Sillón	Armchair
Sofá	Couch

Música

Music

Armonía	Harmony
Armónico	Harmonic
Álbum	Album
Balada	Ballad
Cantante	Singer
Cantar	Sing
Clásico	Classical
Coro	Chorus
Grabación	Recording
Improvisar	Improvise
Instrumento	Instrument
Melodía	Melody
Micrófono	Microphone
Musical	Musical
Músico	Musician
Ópera	Opera
Poético	Poetic
Ritmo	Rhythm
Tempo	Tempo
Vocal	Vocal

Naturaleza

Nature

Abejas	Bees
Animales	Animals
Ártico	Arctic
Belleza	Beauty
Bosque	Forest
Desierto	Desert
Dinámico	Dynamic
Erosión	Erosion
Follaje	Foliage
Glaciar	Glacier
Niebla	Fog
Nubes	Clouds
Pacífico	Peaceful
Refugio	Shelter
Río	River
Salvaje	Wild
Santuario	Sanctuary
Sereno	Serene
Tropical	Tropical
Vital	Vital

Negocio
Business

Carrera	Career
Costo	Cost
Descuento	Discount
Dinero	Money
Economía	Economics
Empleado	Employee
Empleador	Employer
Empresa	Company
Fábrica	Factory
Finanzas	Finance
Impuestos	Taxes
Inversión	Investment
Mercancía	Merchandise
Moneda	Currency
Oficina	Office
Presupuesto	Budget
Tienda	Shop
Trabajo	Job
Transacción	Transaction
Venta	Sale

Nutrición
Nutrition

Amargo	Bitter
Apetito	Appetite
Calidad	Quality
Calorías	Calories
Carbohidratos	Carbohydrates
Cereales	Cereals
Comestible	Edible
Dieta	Diet
Digestión	Digestion
Equilibrado	Balanced
Fermentación	Fermentation
Nutriente	Nutrient
Peso	Weight
Proteínas	Proteins
Sabor	Flavor
Salsa	Sauce
Salud	Health
Saludable	Healthy
Toxina	Toxin
Vitamina	Vitamin

Números
Numbers

Catorce	Fourteen
Cero	Zero
Cinco	Five
Cuatro	Four
Decimal	Decimal
Diecinueve	Nineteen
Dieciocho	Eighteen
Dieciséis	Sixteen
Diecisiete	Seventeen
Diez	Ten
Doce	Twelve
Dos	Two
Nueve	Nine
Ocho	Eight
Quince	Fifteen
Seis	Six
Siete	Seven
Trece	Thirteen
Tres	Three
Veinte	Twenty

Océano
Ocean

Alga	Algae
Anguila	Eel
Arrecife	Reef
Atún	Tuna
Ballena	Whale
Barco	Boat
Camarón	Shrimp
Cangrejo	Crab
Coral	Coral
Delfín	Dolphin
Esponja	Sponge
Mareas	Tides
Medusa	Jellyfish
Ostra	Oyster
Pescado	Fish
Pulpo	Octopus
Sal	Salt
Tiburón	Shark
Tormenta	Storm
Tortuga	Turtle

Paisajes
Landscapes

Cascada	Waterfall
Cueva	Cave
Desierto	Desert
Estuario	Estuary
Géiser	Geyser
Glaciar	Glacier
Iceberg	Iceberg
Isla	Island
Lago	Lake
Laguna	Lagoon
Mar	Sea
Montaña	Mountain
Oasis	Oasis
Pantano	Swamp
Península	Peninsula
Playa	Beach
Río	River
Tundra	Tundra
Valle	Valley
Volcán	Volcano

Países #1
Countries #1

Alemania	Germany
Argentina	Argentina
Bélgica	Belgium
Brasil	Brazil
Canadá	Canada
Ecuador	Ecuador
Egipto	Egypt
España	Spain
Filipinas	Philippines
Honduras	Honduras
India	India
Italia	Italy
Libia	Libya
Malí	Mali
Marruecos	Morocco
Nicaragua	Nicaragua
Noruega	Norway
Panamá	Panama
Polonia	Poland
Venezuela	Venezuela

Países #2
Countries #2

Albania	Albania
Australia	Australia
Austria	Austria
Dinamarca	Denmark
Etiopía	Ethiopia
Francia	France
Grecia	Greece
Indonesia	Indonesia
Irlanda	Ireland
Jamaica	Jamaica
Japón	Japan
Laos	Laos
México	Mexico
Pakistán	Pakistan
Portugal	Portugal
Rusia	Russia
Siria	Syria
Sudán	Sudan
Ucrania	Ukraine
Uganda	Uganda

Pájaros
Birds

Avestruz	Ostrich
Águila	Eagle
Cigüeña	Stork
Cisne	Swan
Cuco	Cuckoo
Cuervo	Crow
Flamenco	Flamingo
Ganso	Goose
Garza	Heron
Gaviota	Gull
Gorrión	Sparrow
Halcón	Hawk
Huevo	Egg
Loro	Parrot
Paloma	Pigeon
Pato	Duck
Pelícano	Pelican
Pingüino	Penguin
Pollo	Chicken
Tucán	Toucan

Plantas
Plants

Arbusto	Bush
Árbol	Tree
Bambú	Bamboo
Baya	Berry
Bosque	Forest
Botánica	Botany
Cactus	Cactus
Fertilizante	Fertilizer
Flor	Flower
Flora	Flora
Follaje	Foliage
Frijol	Bean
Hiedra	Ivy
Hierba	Grass
Hoja	Leaf
Jardín	Garden
Musgo	Moss
Pétalo	Petal
Raíz	Root
Vegetación	Vegetation

Profesiones #1
Professions #1

Abogado	Attorney
Astrónomo	Astronomer
Atleta	Athlete
Bailarín	Dancer
Banquero	Banker
Bombero	Firefighter
Cartógrafo	Cartographer
Cazador	Hunter
Doctor	Doctor
Editor	Editor
Embajador	Ambassador
Enfermera	Nurse
Entrenador	Coach
Fontanero	Plumber
Geólogo	Geologist
Joyero	Jeweler
Músico	Musician
Pianista	Pianist
Psicólogo	Psychologist
Veterinario	Veterinarian

Profesiones #2
Professions #2

Astronauta	Astronaut
Bibliotecario	Librarian
Biólogo	Biologist
Cirujano	Surgeon
Dentista	Dentist
Detective	Detective
Filósofo	Philosopher
Fotógrafo	Photographer
Ilustrador	Illustrator
Ingeniero	Engineer
Inventor	Inventor
Investigador	Researcher
Jardinero	Gardener
Lingüista	Linguist
Médico	Physician
Periodista	Journalist
Piloto	Pilot
Pintor	Painter
Profesor	Teacher
Zoólogo	Zoologist

Psicología
Psychology

Cita	Appointment
Clínico	Clinical
Cognición	Cognition
Comportamiento	Behavior
Conflicto	Conflict
Ego	Ego
Emociones	Emotions
Evaluación	Assessment
Ideas	Ideas
Inconsciente	Unconscious
Infancia	Childhood
Pensamientos	Thoughts
Percepción	Perception
Personalidad	Personality
Problema	Problem
Realidad	Reality
Sensación	Sensation
Subconsciente	Subconscious
Sueños	Dreams
Terapia	Therapy

Química
Chemistry

Alcalino	Alkaline
Ácido	Acid
Calor	Heat
Carbono	Carbon
Catalizador	Catalyst
Cloro	Chlorine
Electrón	Electron
Enzima	Enzyme
Gas	Gas
Hidrógeno	Hydrogen
Ion	Ion
Líquido	Liquid
Metales	Metals
Molécula	Molecule
Nuclear	Nuclear
Oxígeno	Oxygen
Peso	Weight
Reacción	Reaction
Sal	Salt
Temperatura	Temperature

Restaurante #1
Restaurant #1

Alergia	Allergy
Café	Coffee
Cajero	Cashier
Camarera	Waitress
Carne	Meat
Cocina	Kitchen
Comer	To Eat
Comida	Food
Cuchillo	Knife
Ingredientes	Ingredients
Menú	Menu
Pan	Bread
Picante	Spicy
Plato	Plate
Pollo	Chicken
Postre	Dessert
Reserva	Reservation
Salsa	Sauce
Servilleta	Napkin
Tazón	Bowl

Restaurante #2
Restaurant #2

Agua	Water
Almuerzo	Lunch
Aperitivo	Appetizer
Bebida	Beverage
Camarero	Waiter
Cena	Dinner
Cuchara	Spoon
Delicioso	Delicious
Ensalada	Salad
Especias	Spices
Fruta	Fruit
Hielo	Ice
Huevos	Eggs
Pastel	Cake
Pescado	Fish
Sal	Salt
Silla	Chair
Sopa	Soup
Tenedor	Fork
Verduras	Vegetables

Ropa
Clothes

Abrigo	Coat
Blusa	Blouse
Bufanda	Scarf
Camisa	Shirt
Chaqueta	Jacket
Cinturón	Belt
Collar	Necklace
Delantal	Apron
Falda	Skirt
Guantes	Gloves
Joyas	Jewelry
Moda	Fashion
Pantalones	Pants
Pijama	Pajamas
Pulsera	Bracelet
Sandalias	Sandals
Sombrero	Hat
Suéter	Sweater
Vestido	Dress
Zapato	Shoe

Salud y Bienestar #1
Health and Wellness #1

Activo	Active
Altura	Height
Bacterias	Bacteria
Clínica	Clinic
Doctor	Doctor
Farmacia	Pharmacy
Fractura	Fracture
Hambre	Hunger
Hábito	Habit
Hormonas	Hormones
Huesos	Bones
Medicina	Medicine
Músculos	Muscles
Piel	Skin
Postura	Posture
Reflejo	Reflex
Relajación	Relaxation
Terapia	Therapy
Tratamiento	Treatment
Virus	Virus

Salud y Bienestar #2
Health and Wellness #2

Alergia	Allergy
Anatomía	Anatomy
Apetito	Appetite
Caloría	Calorie
Dieta	Diet
Digestión	Digestion
Energía	Energy
Enfermedad	Disease
Estrés	Stress
Genética	Genetics
Higiene	Hygiene
Hospital	Hospital
Infección	Infection
Masaje	Massage
Nutrición	Nutrition
Peso	Weight
Recuperación	Recovery
Saludable	Healthy
Sangre	Blood
Vitamina	Vitamin

Selva Tropical

Rainforest

Anfibios	Amphibians
Botánico	Botanical
Clima	Climate
Comunidad	Community
Diversidad	Diversity
Especie	Species
Indígena	Indigenous
Insectos	Insects
Mamíferos	Mammals
Musgo	Moss
Naturaleza	Nature
Nubes	Clouds
Pájaros	Birds
Preservación	Preservation
Refugio	Refuge
Respeto	Respect
Restauración	Restoration
Selva	Jungle
Supervivencia	Survival
Valioso	Valuable

Senderismo

Hiking

Acantilado	Cliff
Agua	Water
Animales	Animals
Botas	Boots
Camping	Camping
Cansado	Tired
Clima	Climate
Cumbre	Summit
Guías	Guides
Mapa	Map
Montaña	Mountain
Mosquitos	Mosquitoes
Naturaleza	Nature
Orientación	Orientation
Parques	Parks
Pesado	Heavy
Piedras	Stones
Preparación	Preparation
Salvaje	Wild
Sol	Sun

Suministros de Arte

Art Supplies

Aceite	Oil
Acrílico	Acrylic
Acuarelas	Watercolors
Agua	Water
Arcilla	Clay
Borrador	Eraser
Caballete	Easel
Cámara	Camera
Cepillos	Brushes
Colores	Colors
Creatividad	Creativity
Ideas	Ideas
Lápices	Pencils
Mesa	Table
Papel	Paper
Pasteles	Pastels
Pegamento	Glue
Pinturas	Paints
Silla	Chair
Tinta	Ink

Tipos de Cabello

Hair Types

Blanco	White
Brillante	Shiny
Calvo	Bald
Corto	Short
Delgada	Thin
Gris	Gray
Grueso	Thick
Largo	Long
Marrón	Brown
Negro	Black
Ondulado	Wavy
Plata	Silver
Rizado	Curly
Rizos	Curls
Rubio	Blond
Saludable	Healthy
Seco	Dry
Suave	Soft
Trenzado	Braided
Trenzas	Braids

Enhorabuena

Lo has conseguido!

Esperamos que hayas disfrutado de este libro tanto como nosotros al diseñarlo. Nos esforzamos por crear libros de la máxima calidad posible.
Esta edición está diseñada para proporcionar un aprendizaje inteligente, de calidad y divertido!

¿Te ha gustado este libro?

Una Petición Sencilla

Estos libros existen gracias a las reseñas que se publican.
¿Podrías ayudarnos dejando una reseña ahora?
Aquí tienes un breve enlace a la página de reseñas

BestBooksActivity.com/Opiniones50

¡DESAFÍO FINAL!

Reto n°1

¿Estás listo para tu juego gratis? Los utilizamos siempre, pero no son tan fáciles de encontrar. ¡Aquí están los **Sinónimos**!
Escribe 5 palabras que hayas encontrado en los rompecabezas (#21, #36, #76) y trata de encontrar 2 sinónimos para cada palabra.

Escriba 5 palabras del ***Puzzle 21***

Palabras	Sinónimo 1	Sinónimo 2

Escriba 5 palabras del ***Puzzle 36***

Palabras	Sinónimo 1	Sinónimo 2

Escriba 5 palabras del ***Puzzle 76***

Palabras	Sinónimo 1	Sinónimo 2

Reto n°2

Ahora que te has calentado, escribe 5 palabras que hayas encontrado en los Puzzles 9, 17 y 25 e intenta encontrar 2 antónimos para cada palabra. ¿Cuántos puedes encontrar en 20 minutos?

*Escriba 5 palabras del **Puzzle 9***

Palabras	Antónimo 1	Antónimo 2

*Escriba 5 palabras del **Puzzle 17***

Palabras	Antónimo 1	Antónimo 2

*Escriba 5 palabras del **Puzzle 25***

Palabras	Antónimo 1	Antónimo 2

Reto n°3

¡Genial! Este desafío final  no es nada para ti.

¿Preparado para el reto final? Elige 10 palabras que hayas descubierto en los diferentes rompecabezas y escríbelas a continuación.

1.	6.
2.	7.
3.	8.
4.	9.
5.	10.

Ahora escribe un texto pensando en una persona, un animal o un lugar que te guste.

Puedes usar la última página de este libro como borrador.

Tu Composición:

CUADERNO DE NOTAS :

HASTA PRONTO !

Todo el Equipo

www.ingramcontent.com/pod-product-compliance
Lightning Source LLC
Chambersburg PA
CBHW081704120626
46550CB00010B/3009
* 9 7 9 8 8 9 6 7 0 1 9 1 0 *